读客中国史入门文库
顺着文库编号读历史,中国史来龙去脉无比清晰!

知行合一
王阳明 3
王阳明家训

王阳明写给家人的心学课

于修身、持家、教子、读书、立业中，
娓娓讲述日常生活中的知行合一要诀。

度阴山 著

江苏凤凰文艺出版社

图书在版编目（CIP）数据

知行合一王阳明．3，王阳明家训 / 度阴山著.
南京：江苏凤凰文艺出版社，2024.9. --（知行合一王阳明大全集）. -- ISBN 978-7-5594-8709-4

Ⅰ．B248.25

中国国家版本馆CIP数据核字第2024CJ4663号

知行合一王阳明．3，王阳明家训

度阴山 著

责任编辑	丁小卉
特约编辑	盛 亮　沈 骏
装帧设计	读客文化 021-33608320
责任印制	杨 丹
出版发行	江苏凤凰文艺出版社
	南京市中央路165号，邮编：210009
网　　址	http://www.jswenyi.com
印　　刷	三河市中晟雅豪印务有限公司
开　　本	710毫米×1000毫米 1/16
印　　张	14.75
字　　数	170千字
版　　次	2024年9月第1版
印　　次	2024年9月第1次印刷
标准书号	ISBN 978-7-5594-8709-4
定　　价	370.60元（全六册）

江苏凤凰文艺版图书凡印刷、装订错误，可向出版社调换，联系电话：010-87681002。

目 录

不算序的序
王阳明家训vs曾国藩家训：中国古代家训的两种念头 / 1

第一编　王阳明家训 / 001

　　王阳明家训：《示宪儿》/ 003
　　家训一：勤读书 / 006
　　家训二：要孝悌 / 012
　　家训三：学谦恭 / 017
　　家训四：循礼义 / 022
　　家训五：节饮食，戒游戏 / 027
　　家训六：毋说谎 / 031
　　家训七：毋贪利 / 034
　　家训八：毋任情 / 040
　　家训九：毋斗气 / 046
　　家训十：毋责人，但自治 / 049
　　家训十一：能下人，能容人 / 052
　　家训十二：凡做人，在心地 / 056

第二编　王阳明家书 / 061

科举无妨圣学：《寄诸用明》/ 063

尽人事，听天命：《示徐曰仁应试》/ 070

走正确的道路，把道路走正确：《示弟立志说》/ 077

真正的学习是在世俗中修行：《赣州书示四侄正思等》/ 088

吾平生讲学，只是"致良知"三字：《寄正宪男手墨二卷》/ 093

唯自谦才能自信：《书正宪扇·乙酉》/ 109

"脱离习气"的自我管理术：《与克彰太叔》/ 112

善是一种力量：《又与克彰太叔》/ 116

再不学，就老了：《寄诸弟·戊寅》/ 121

决定成败一在天理，二在人心：《上海日翁书》/ 125

第三编　王阳明家规 / 129

儿童教育圣经：《训蒙大意示教读刘伯颂等》/ 131

扩而大之的王阳明家规：《南赣乡约》/ 138

儿童学习的法则：《教约》/ 153

尽孝是尽心，而非表面的道理：《书诸阳伯卷·甲申》/ 160

对荣誉转瞬即忘就是致良知：《读先师再报海日翁吉安起兵书序》/ 166

家长要做良人：《客座私祝》/ 174

为善就是磨炼本心：《为善最乐文》/ 179

王门四规：《教条示龙场诸生》/ 184

良知人人皆有：《书诸阳伯卷·戊寅》/ 193

朋友也要讲门当户对：《姚江王氏族箴·慎交游》／198

厚待亲邻：《姚江王氏族箴·厚亲邻》／201

让人洗心革面的宝典：《告谕浰头巢贼》／205

以和为贵：《告谕庐陵父老子弟》／213

不算序的序
王阳明家训vs曾国藩家训：中国古代家训的两种念头

家训，各个民族都有，但其他民族的家训只言片语，不成气候。唯独中华民族，家训自成体系，独当一面，几乎能与任何传统文化分庭抗礼。

提起中国古代家训，第一个想到的就是曾国藩家训。此人除了会做大官会打硬仗，还特别擅写家训。曾国藩家训大都以家信形式出现，大多数信件是在他和太平天国厮杀时期写就的，数量惊人。我们很奇怪的是，战场即生死场，险象环生，间不容发，他竟然有时间、精力和心情写这么多家信。如果你把他的全部家信认真读一遍，再深入思考后就会有种感觉，这些家信好像不完全是写给家人的，若隐若现中，封封家信的收信人似乎都有坐在北京城龙椅上的皇帝和慈禧老女人的味道。

曾国藩虽然天资不高，但憨实的容貌下，透露着一股子机灵。他以家信的形式时刻向最高统治者表述着自己的心迹：我是个忠诚的奴才，虽然拥兵数万，但绝无革命的想法。

简单说完曾国藩后，我们再提另外一个光辉人物，他就是本书的主人公——王阳明。

王阳明先生留下来的文字不比曾国藩少，但若论关于家训的文字，曾国藩足可以把王阳明甩出几千条街。和曾国藩指东打西的家训内容不同，王阳明家训的内容一字一句一板一眼，全出于诚。用王阳明的说法就是，写家训的念头就是教育家人致良知，致良知的目的是让你做个快乐的人，常快乐便是功夫。他最希望的就是家人有社会担当精神，有独立的意志和灵魂。

这是曾国藩家训和王阳明家训的根本区别：念头不同。

念头不同，所走的路肯定不同。但你不能说曾国藩家训是错的，因为读书做大官也是人生的最高理想之一。你也不能说王阳明家训就是对的，很多望子成龙的家长，根本不希望自己的孩子快乐，更不希望自己的孩子拥有社会担当精神和独立的意志与灵魂。

所以王阳明家训是这样一种家训：任何人都别指望从其家训中得到迅速成功的密码，因为它根本就没有。不过，如果你想让你或你的家人拥有快乐的源泉和独立的灵魂，无疑，你选对了这本书。

王阳明本人并未将他的家训如别人那样形成一个严密的体系。严格意义而言，他的家训只有《示宪儿》一篇文章。但是，他的家信和一些充满教育味道的布告以及条规等内容，也是家训的重要篇章。

正如他所说，吾平生讲学，只是"致良知"三字。这句话却出现在了写给儿子的家信中，讲学和家训，或许在王阳明看来，本就是一回事。

本书将王阳明家训大体分为三部分，用这三部分全方位讲解阳明家训，让我们从王阳明的家长身份的角度来了解心学。

第一部分，是对《示宪儿》的精细解读；第二部分，是王阳明写给家人的书信；第三部分，是王阳明对家族、家庭，乃至"中国为一家"的高瞻式的致良知的解读。

有家训、有家书、有家规,以良知流行其中,这就是王阳明家训的全部内容。

以上可以称为不算序的序。

第一编 王阳明家训

王阳明家训：《示宪儿》

原文

　　幼儿曹，听教诲：勤读书，要孝悌；学谦恭，循礼义；节饮食，戒游戏。毋说谎，毋贪利；毋任情，毋斗气；毋责人，但自治。能下人，是有志；能容人，是大器。凡做人，在心地：心地好，是良士；心地恶，是凶类。譬树果，心是蒂；蒂若坏，果必坠。吾教汝，全在是。汝谛听，勿轻弃。

译文

孩子们啊，听我的教诲：你们要勤奋读书，孝顺父母，敬爱兄长；要学习谦恭待人，一切要适宜和遵循礼节；要节制饮食，少玩游戏。不要说谎，不能贪利；不要任情耍性，不要与人斗气；不要责备他人，要懂得自我管理。能放低自己身份，是有志气的表现；能容纳别人，是有度量的表现。做人的尺度就是心地的好坏：心地好，就是好人；心地恶，就是恶人。这就如同树上的果子，它的心是蒂；如果蒂先败坏了，果子必然坠落。我现在教诲你们的，全都在这里。你们应好好听从，不可丢弃。

评析

这篇《示宪儿》就是后世所谓的《王阳明家训》，诞生于1518年，正是王阳明担任南赣巡抚的尾声。家训第一句"幼儿曹"中的"曹"字是"等、辈"之意，整句意为：孩子们。后面的话语，通俗易懂，完全就是向孩儿们说话的口气。诉说的对象正是他的儿子宪儿，即王正宪。

王正宪并非王阳明亲生儿。1515年，王阳明年已四十四岁，但王阳明及胞弟守俭、守文、守章都没有儿子，王阳明的父亲王华只好选择将他三弟王衮的儿子王守信的第五子正宪过继给王阳明。是年，王正宪八岁。

1518年，王正宪十一岁，正是亟待教训之时，于是就有了这道王阳明家训。

家训开篇就是让人勤读书，这是教人应有学问；要人孝悌、谦恭，遵循礼义，这是让人应学会礼仪；要人能下人，能容人，这是智慧的表现；心地好，是良士，这是德行的表现。

学问、礼仪、智慧、德行，是《王阳明家训》的核心思想，也是其心学的灵魂，更是一个绅士所必须具备的素质。

四个方面你中有我，我中有你，密不可分。套用王阳明的话头就是，有学问的人，必知礼仪，必有智慧，必懂德行，否则就不能称他为有学问的人。

不过在王阳明看来，德行是第一位的，做一个好人比任何事都重要。一个人若缺少了德行，那就和"人"这个物种诀别了。

鲜花的蒂（心）如果是坏的，鲜花永不可能绽放，也就不能称为鲜花；正如人的心地是坏的，人就不能称为人。

"凡做人，在心地"是王阳明家族的信仰和家法，它不专属王阳明家族，正如良知之学不是王阳明的专属一样，人人皆有良知，只看致或不致。人人都可把"凡做人，在心地"当作自己的家训和信仰。

现在，就让我们走进王阳明家训，看看这些通俗的家训背后，到底隐藏着何等玄机。它既是亘古不灭的教育法门，也是另一个角度的阳明心学。

家训一：勤读书

王阳明家训的第一条就是勤读书。

中国古人始终坚信："诗书继世长。"在古代，如果有人说你出身书香门第，那就明示了你家族的光辉和你本人的品行。所以，若想成为彬彬君子，第一要务就是勤读书。

一般人眼中，读书是人获取知识的最关键途径。但在王阳明看来，我们心中有良知，良知无所不能，无所不知。所以读书不是为了获取知识，只是验证、呼唤我们良知所已有的知识。比如你良知内没有烹饪的知识，当你读烹饪书籍时，就毫无兴趣，所以你学不到烹饪的知识。纵然学到，心意不在这方面，你也不会出类拔萃。

由此可知，王阳明让人勤读书，和其他"要你勤读书"的古人有很大的不同。

首先就是读什么书。王阳明创建心学前有"五溺"，意思是沉溺于五个方面。这五个方面是任侠、骑射、词章、神仙、佛氏。

这五方面的知识其实都是从书本中获得的。要培养"任侠"情怀，应多读英雄人物传记；若想具备精良的"骑射"技能，不仅要实地多练，更要看搏击和兵法方面的书籍，才能稳固基础；辞章更不必说，卓越的文学家都是从读和模仿别人的文章开始的；而若要深切领悟佛道思想，非读取有关的佛道经文不可。

可以说，王阳明读的书汗牛充栋，其读书之勤奋，可用惨烈来形容。其年谱记载，1493年会试败北后，他精研辞章之学，到了不舍昼夜的地步，以至于累得吐血。搞得他父亲王华每天半夜三更都要跑到他房间敲门，强迫他熄灯睡觉。

不过，创建心学后的王阳明对年轻时代引人注目的读书生活并不满意，甚至是痛悔。

他的弟子萧惠特别喜欢佛道，大概是功夫未到，所以到处胡诌。王阳明就提醒他："我年轻时也特别迷恋道佛，读遍了二家的经书，自以为有所得，又自以为儒学不足学。后来在蛮荒的贵州龙场驿站待了三年，终于大彻大悟，发现了儒学的简易广大。我当时懊悔得泪流满面，错用了三十余年的力气。你既然来我门下，就专心学儒学，万不可步我的后尘。"

这段话可看作王阳明的忏悔，诚意十足。他懊悔的无非笃志道佛，而笃志道佛必从读书开始，一言以蔽之，他觉得道佛的经书不该读。

有弟子问他："王老师诗词歌赋样样神通，能否推荐个书单？"

王阳明正色道："辞章之学，纯是簸弄精神，一无是处。孔子说'辞达而已'，只要能把一件事说清楚，何必在遣词造句上浪费功夫？所谓有德者必有言，德是根，言是枝叶，不培养根哪能有枝叶？一味地重视枝叶，你的根岂不是烂得更快？"

又有弟子问："王老师您用兵如神，到底用的是哪家兵法？"

王阳明一笑道:"兵法,我倒是读了很多。不过,我哪家兵法也没用,我只是学问纯粹,养得此心不动而已。此心不动,就可随机而动,在战场情况朦胧不明时,瞬间能发现问题所在。能做到这点,就可百战百胜。"

有弟子不怀好意地问道:"照您这么说,没必要读书了?"

王阳明看了他一眼,把这名弟子看得毛骨悚然。直到这名弟子在心上承认不该开这种玩笑了,王阳明才慢悠悠地说:"书,必须要读,但要读好书。"

所谓好书,就是那些原汁原味的经典。王阳明认为,随着时代的发展,书越来越多,但经典少之又少,只有最原始的那几本。后人纷繁的著述,内容过于庞杂,思想毫无突破性,只是在圣贤的那几本经典中打转转。

所以王阳明认为,秦始皇烧书在这种意义上有其合理性,因为战国末期的书太多了,内容驳杂不堪,说什么的都有,看多了这种书,只能增长过多的人欲,减少了心中已有的天理。

为什么要读圣贤经典?下面这段他和徐爱的对答给出了明白无误的答案。

徐爱说:"有时著述是不能缺少的。比如《春秋》这本书,如果没有《左传》作解,人们大概很难读懂。"

《春秋》记事,一个标题就是一件事,然后就没有了。《左传》记言,你说我说大家说,但内容大都紧扣春秋里的标题。徐爱就认为,《左传》是《春秋》的扩编和注释版。

我们今天所见的《春秋》是经过孔子删定的,王阳明认为孔子删定《春秋》就是圣人作经的典范:"比如写'弑君',弑君是罪过,为什么还要问弑君的经过呢?讨伐的命令该由天子发布,写'伐国',

就是说擅自讨伐某国便是罪过，为什么还要问伐国的经过呢？圣人传述六经，只是为了端正人心。

"孔子常依据人们的问题，对各自的程度与性质作不同的回答。他也不愿多讲，只怕人们在语言上挑剔，所以他才说：'予欲无言。'如果是些灭天理纵人欲的事，又怎能详细作解呢？详细地告诉人们等于是让人知道了如何去行不仁不义之事呀！因此，《孟子·梁惠王上》中讲道：'仲尼之门，无道桓文之事者。'（'桓'是齐桓公，'文'是晋文公，二人都是凌驾于西周天子之上的霸主，孔子认为他们的所作所为有悖礼法，所以关于他们的事从不说）这就是孔门家法。世俗的儒者只讲霸道的学问，因而他们要精通许多阴谋诡计。这完全是一种功利心态，与圣人作经的宗旨南辕北辙，他们怎么想得通呢？"

说完这通话，王阳明不禁感慨起来："一般人，我不会和他说这些。孟子说：'尽信书，不如无书。'其实他的意思是，很多书津津乐道于杀戮的记载，毫无天理，极容易引起读者对暴力和人欲的联想。人知道太多恶事，就会激发他内心的恶。所以你看，在《尚书》中，即使是尧、舜、禹年间的历史，不过只有数篇。除此之外，难道再没有值得称道的事吗？当然有，可大概和天理不符，就都被孔子删掉了。由此可知圣人的意图，是剔除繁文，后儒则要狗尾续貂。"

这就是王阳明对"勤读书"开出的书单：它必须是原汁原味的经典，也就是当时流行于世的四书（《大学》《中庸》《论语》《孟子》）五经（《诗经》《尚书》《礼记》《周易》《春秋》）。这些书的内容都是激发人内心中固有的善意和智慧的，用今天流行的话来说，充盈着满满的正能量。

无论哪个时代，人们都倾向于名著经典。所谓名著经典，并非章法奇特，文采纷呈，也不是流传深远，有某些伟人的推荐。它只是符合下面这个特征：无论是什么形式，它们都在宣扬着人类最纯粹的善，摈弃人类最卑鄙的恶。

知道读什么书，只是选对了路，如何把路走对，还需要功夫。也就是说，该如何读书。

人类的读书法则异曲同工，须经历三个阶段：苦读背诵，用心揣摩，自得于心。

中国古代知识分子是把第一阶段的苦读背诵当成必修课的，因为要科举。

有人曾问王阳明："读书却记不住，如何是好？"

王阳明的回答是："只要理解了就行，为什么非要记住？其实，理解已是次要的了，重要的是使自己的心本体光明。如果只是求记住，就不能理解；如果只是求理解，就不能使自心的本体光明了。"

王阳明从不反对科举，并且说过科举无妨圣（心）学。但是，如果你的记忆力一塌糊涂，几十字的文章要背诵一百遍，还磕磕巴巴，那科举之路也就不必走了。

大千世界，路有千条，读书人不必非科举之路不走。

圣学就是一条光明大路。而圣学的读书法则就是，不需要你记住，也不需要你全部理解，圣贤所要求的是让你通过读书而使自己心体光明。

如何让心体光明呢，这就是下两个阶段所要做的。第二个阶段就是用心揣摩，争取将看到的内容全部理解；第三个阶段就是自得于心，"夫学贵得之心，求之于心而非也，虽其言之出于孔子，不敢以为是也"。你所理解的知识只要和你的心相契合，它才是真知识；如果不能和你的心相契合，那纵然是孔圣人的言语，也不是真知识。

众所周知，王阳明是主张心外什么都没有的。所以只有进入你心而被你心认可的，才是真理；如果不被你心认可，那它就什么也不是。

那么，是不是我心认为错的，就一棍子打死呢？王阳明说："不对！读书的目的是培养自家心体。他说得不好处，我这里用得着，就是益。只要此志真切。有人曾写信给燕国国王，误写了'举烛'二字。燕国国王误会了：烛光明亮，是教我举贤明其理啊。其国后来大治。故此志真切，因错致真，无非得益。今学者看书，只要归到自己身心上用。"

有一笑话说，某人去某寺，看一横匾，上书"心中业物"，再三思索，大为感叹：业障物碍，肇源心中，佛力清净，一切都消。于是下定决心依此路走去，并跟身边的人认真诉说，俨然要成佛作祖。但身边的人却说："您看反了……"

谈到这里，我们已能下结论了。王阳明要人勤读书的目的是培养自家心体，自得于心，以其心学语境而言，就是光明良知。

所以，套用孟子的话头就是，万书（物）皆备于我——天地之间的一切书籍，都是为我光明良知而存在的。

家训二：要孝悌

世界上恐怕没有比"家和万事兴"更走心的格言了，这五个字是每个中国人最热切的期盼，从最远古的中国人身上代代遗传至今。家如何"和"，两个字：孝悌。孝乃儒家美德的基石，是孝顺父母之意；悌是友爱兄弟姐妹，成家的自然还包括妻子。

怎样才算孝顺父母？王阳明和弟子们谈论过很多次。在《传习录》第一篇的《徐爱录》中，就多次谈到对待父母的礼节是在心内还是心外的问题。王阳明的主张是，"心即理"，有孝顺父母的心就必能产生孝顺父母的道理和礼节，这些东西根本不必去外部寻求，只在自己心上。

关于孝顺的心学内涵，王阳明特别提到两个案例，一个是傅凤的故事，另一个是舜和他父母的故事。

先来看傅凤的故事。

傅凤是安徽祁门人，以孝顺父母为终生志向。但因为没有像样的工作而赚不到钱，所以志向无法实现。他为此很苦恼，有人指示他，去见见王阳明，让他给你出个主意。

傅凤就来见王阳明，王阳明和他谈心学。傅凤天资聪颖，情不自禁地眉飞色舞。他对王阳明说："我要拜您门下修行。"

话音才落，王阳明就见他眉宇之间升腾起一股忧色，于是询问。傅凤长吁短叹道："我若在此修行，我年迈的父母该怎么办啊？"

王阳明不语。

傅凤叹息着离开了。回到家中，一如既往地苦读诗书，希望能考个功名，让父母过上幸福日子。由于吃不饱，穿不暖，再加上日夜不分地苦读，傅凤终于累倒，一病不起。

他父母每日以泪洗面，傅凤看到后，越发肝郁气滞。有人指点他："去找王阳明先生吧，看他有什么好办法。"

傅凤抱病去见王阳明，把大致情况一说，王阳明就长叹一声道："你呀，虽志在孝亲，可已陷入不孝深渊了。"

傅凤莫名其妙，问："难道我不想去做官赚钱养活父母，就是孝了吗？"

王阳明道："你为了做官赚钱而养活父母，却把自己搞成病夫，这是孝吗？"

傅凤仍在疑惑。

王阳明又说："就看你现在的病夫样子，能考上进士吗？"

傅凤很坦诚地说："不能！"

王阳明说："你把自己的身体搞垮了，却没有中举入仕，而因为你身体不佳，不但无法照顾父母，还要让他们来照顾你。你说，你这不是大不孝，还能是什么？"

傅凤万分惊骇，潸然泪下，恳请王阳明指点迷津。

王阳明说:"天地间的孝道,无非莫让父母担心。明白此理,你就知道怎么去孝顺父母了。"

傅凤的脑子豁然开朗。原来如此,阳明心学所倡导的孝,就是不让父母担心。

良知会告诉天下的孝子们,孝顺父母就是让他们心上安宁,物质条件倒在其次。这其实就是感应,人世间所有父母都希望儿女的平安,锦衣玉食还是其次。那么,将心比心,做儿子的所希望的自然是父母的平安,心平安,身平安。而要做到这一点,必须是你的身心要平安,否则,一切都是毫无意义的。

想要真孝顺,做到五个字就可以了:**让父母心安**。

让父母心安之外,就是第二个故事——舜和他父母联合主演的灵异剧要提到的。

某日,有父子二人来找王阳明评理。二人情绪激动,面红耳赤,几乎就要动手。王阳明喝令他们肃静,声色俱厉地训道:"你二人如此吵闹,我怎么判?等心平气和了再来!"

第二天,父子二人又来了。虽然还是互不理睬,但已看出,关系有所缓和。二人正要诉说案情,王阳明用手势制止了他们:"你们心平气和了?"

二人异口同声:"是!"

"既然心平气和了,就说明没有了争执,没有了争执,还来这里做甚?走开!"

二人面面相觑,半天才醒悟过来,中了王阳明的心学诡计。可能是他们的矛盾太深了,非要让王阳明判出个是非来。

于是,王阳明对父子二人说了一句话。片刻,有人就在后堂听到这对父子抱头痛哭而去。

王阳明回到后堂,弟子们围上来,问:"您说了什么话,让那对父子如此?"

王阳明神秘地一笑:"我说舜是世间大不孝的儿子,瞽叟是世间大慈爱的父亲。"

舜和瞽叟的故事需要做简单补充。

无疑,舜的家庭是一部灵异荒诞剧。父亲是个恶毒的瞎子,居然还能娶到老婆。瞎子和老婆还有老婆的儿子莫名其妙地总想搞死舜,舜也莫名其妙地总原谅他们。有一次,瞎子让舜到房顶去修理房子,舜一上去,瞎子就把梯子拿开,目的是把舜饿死。舜真就听话,愣是不肯从两人高的房上跳下来。直到几个月后,尧把两个女儿送到舜家里给他当妻子的时候,舜还在上面待着,灵异的是,居然没有饿死。

舜有了两个妻子,这更让他弟弟、瞎子和他后妈恼怒。灵异事件再次上演。三人挖了口井,让舜下去。连瞎子都看出来井有玄机,但舜坦然而入。舜一进入,三人就把井堵死。他那个弟弟还跑到他房间,准备把两位嫂嫂变成自己的老婆。正当他弹着舜的琴,手舞足蹈时,舜出现在了门口。他弟弟被吓得魂飞魄散。但舜告诉他,他没有死。

后来的事就是一部家庭温馨片。瞎子改邪归正,他的老婆爱舜比爱她自己还深,至于舜那个弟弟,对哥哥的永远不死惊恐不已,彻底绝望了杀兄的想法。

由此可知,舜绝对是孝顺的,瞽叟绝对不慈祥。所以他的弟子大为惊讶,王阳明就解释道:"舜常自以为大不孝,所以能孝;瞽叟常自以为大慈,所以不能慈。瞽叟记得舜是我提孩长(被我养大)的,现今为何不曾豫悦我(让我感到愉快)?不知自心已为后妻所移了,尚谓自家能慈,所以愈不能慈。舜只思父提孩我时如何爱我,今日不爱,只是我不能尽孝,日思所以不能尽孝处,所以愈能孝。及至瞽叟底豫（得以重新疼爱舜）时，又不过复得此心原慈的本体。所以后世称舜是个古今大孝的子，瞽瞍亦做成个慈父。"

这个故事告诉我们，心学语境下所谓的孝不是孤独存在的，它必须有被孝的对象——父母的参与。也就是父慈子孝，无论是儿子还是父亲，都须发自肺腑地反躬自省，直白而言就是，都要致良知！

至于"悌"，同样如此。这不是做弟弟的单方面可以完成的，它需要被悌的对象的配合与感应。唯有建立起感应，孝悌才能踏踏实实地存在。

王阳明家族中关于"孝悌"的故事也是一箩筐，而且极具代表性。王阳明祖先最早可追溯到晋朝一个叫王览的人身上，据各种史料记载说，此人大概是菩萨转世，良知光明得一塌糊涂。

王览和他的同父异母哥哥王祥生活在他亲母的管教下，王览亲生母亲对王祥怀有不可名状的仇恨，这种仇恨后来竟然到了"除之而后快"的程度。

某次，王览的亲母准备好毒药，准备毒死王祥。消息走漏，王览就放下书本，每天都跟在母亲身后，以防惨剧发生。可他的母亲仍然下定决心要铲除王祥。她把一杯毒酒假惺惺地端给王祥喝，并向王祥保证喝了这杯酒后再也不会有体罚的事发生。

王祥伤心欲绝地端起酒杯，想了却他悲惨的人生。

就在间不容发时，王览抢过哥哥的酒杯流着泪水要一饮而尽。他的亲娘惊恐万状，抢过酒杯倒在地上。但这位诡异的母亲发现了儿子的孝悌之心后，痛改前非，从此成了一个世人敬仰的慈母。

其实，无论是王阳明对那对父子说的话，还是他家族史上这个孝顺的故事，都包含了同一个主题：做符合自己身份（儿子）的事（孝顺），无论遇到多么十恶不赦的人（父母），必能使其回心转意。

家训三：学谦恭

某日，弟子们看到王阳明先生送几位老儒生出门，回到堂屋坐定后，面带忧色。

有弟子就问缘故。

王阳明叹息道："刚才和几位老儒生谈论致良知，他们可真是油盐不进。本来这门学问就如平坦大路一样，可他们死活不承认，终身陷在荆棘丛里不后悔，我真不知该怎么说服他们。"

弟子们说，这些人真是迂腐透顶。

王阳明若有所思道："人心最恐惧的就是有所恃。他们读了一辈子朱子理学，这已成了他们心中的'执念'，如同一堵墙，其他学说很难翻过。"

过了一会儿，王阳明语重心长地说，这"执念"就是不谦，"谦，是一切善的根基"。

"谦"，就是谦下。《易经》谦卦的卦形，是高山在地下，象征着内心高耸如山,外表却谦和如平地,锋芒不露,谦虚谨慎。王阳明对《易经》了如指掌,当然知道谦的力量,所以他告诉家人和弟子们,要谦恭。特别是那些享有大权、大富、大名的人而言,处事要谦下,待人要谦恭。

王阳明之所以把"谦"提到世无其匹的高度,断定它是一切善的根基,是因为它来自阳明心学的世界观。

阳明心学世界观之一是"万物一体之仁",即我们应将天地万物当作自己身体、心灵的一部分。既然天地万物是我们的一部分,我们就没有道理对它们傲慢轻视,我们对待自己的身体和心灵,应该是谦卑、谦和、谦恭的。因为没有我们身体和心灵的保驾护航,"我们"就不可能存在。

同时,王阳明还认为,人皆有良知,只要肯致良知,人人皆可成圣。既然大家都是圣人,都处于同一层面,任何人就没有资格轻视别人,所以,"谦"是我们良知的命令,也是我们对待天地万物的基本的、正确的态度。

遗憾的是,这种基本、正确的态度往往被人扭曲。王阳明有个叫孟源的弟子就把这种态度当作脚底泥,常常自以为是,绝少谦下于人。这种毛病被王阳明教训过多次,但如你所知,他仍不知悔改。

一天,王阳明刚刚教训了他,他正在低头假装改过。有个弟子谈了自己近来的功夫,请王阳明指正。孟源抬头冷笑,傲慢地说:"你才走到这一步啊?"

王阳明看准了他道:"你的老毛病又犯了。"

孟源闹了个大红脸,正想为自己辩解。

王阳明用手势制止他:"你的老毛病又犯了。"接着开导他,"这正是你人生中最大的缺点。打个比方吧。在一块一丈见方的地里种一棵大树，雨露的滋润，土地的肥沃，只能对这棵树的根供给营养。若要在树的周围栽种一些优良的谷物，可上有树叶遮住阳光，下被树根盘结，缺乏营养，它又怎能生长成熟？所以只有砍掉这棵树，连须根也不留，才能种植优良谷物。否则，任你如何耕耘栽培，也只是滋养大树的根。"

这话一目了然，**人如果有不谦之心，无论做什么，都会徒劳无功。**

"谦虚之功与胜心正相反，"王阳明说，"人有胜心，为子则不孝，为臣则不敬，为弟则不能恭，与朋友则不能相信相下。至于为君亦未仁，为父亦未慈，为兄亦不能友。人之恶行，虽有大小，皆由胜心出，胜心一坚，则不复有改过徙义之功矣。"

在《书石川卷·甲戌》中，王阳明把"谦"发挥到学问中去，他说："从前的学者学问有浅深之别，所以许多人的思想都不会相同。我们今天学习古圣先贤的教训，应该反之于心，不必刻意求和他们的思想同，更不必求和他们的思想异，只须求'是'。倘若你的想法和古圣先贤的说法有冲突，不妨深思。深思许久后仍觉得古圣先贤的话不对，也没有什么大害，但绝不能对古圣先贤妄加诋毁。程颐说得很好，'要学别人对的地方，不必揪着他不对的地方狂呼乱叫'。"

这就是谦，谦的反面自然是傲。"今天的学者就如管中窥天，稍有所得，即自满、自以为是，狂妄不已。和别人谈话时，别人还未说完，他就露出自命不凡、轻视讥笑的嘴脸，大有拒人于千里之外之意。他们却不知道，真懂得'谦'的人在旁边观看，不禁为他捏了一大把汗，而且自己也为他感到羞愧得无地自容。而他还不知晓，仍摆出令人生厌的嘴脸。真是悲哀！"

不谦之人，自以为是，自高自大，永不可能做到良知所提醒的"仁恕"。什么是仁恕？人人都喜欢凤凰麒麟，人人都厌恶毒蛇猛兽。仁恕就是，不能把毒蛇猛兽放到别人怀里，也不要强迫别人远离凤凰麒麟。用孔子的话讲就是"己所不欲，勿施于人"，自己不喜欢的，不要强让别人喜欢。这是良知的本然，良知之所以能辨别是非，就是因为有好恶。你不喜欢吃狗屎，就不能强让别人吃；你特别喜欢获得金钱，你就不能让别人失去金钱。

有一天，你发现很多人都讨厌你，也许并非你具备了毒蛇猛兽的心，但肯定是具备了毒蛇猛兽的形。这种形就是"己所不欲，强施于人"。你明明不喜欢痛苦，可听说了别人痛苦的往事后，当成笑料，毫无悲悯之心，这就是自己不想要的，却希望发生在别人身上。

王阳明在给弟子王嘉秀的作业上批注说，做人其实就是不断光复自己良知的过程。想要光复自己的良知就必须克制自己的种种私欲，在人际交往中，最要不得的就是不能仁恕。

我们常说，要站在对方的角度考虑问题，然而其实这并不难，因为良知知道什么是美好的、什么是丑恶的。你遵循你的良知指引，知道了什么是美好什么是丑恶，你固然就知道了对方心目中的美好和丑恶。你知道了对方心中的好恶，那就明白该怎么去为善去恶。我心就是天理，世间种种问题，都是我心能考虑出来的，那何必去心外站在对方的角度考虑问题呢？

在人际交往中，"恕"的心必不可少。你没有"恕"的心自然就做不到体谅、理解和尊重别人。不能体谅、理解和尊重别人，由于天下一切事物都是感应的，所以，不被别人体谅、理解和尊重马上就会绕回来兜头罩在你头上。而当你去体谅、理解和尊重别人时，感应也会发生作用，你就会被别人体谅、理解和尊重。

"为己必要克己，克己才无己。无己者，无我也。""无我"通俗的理解，就是以良知得出好恶后，按这"好恶"去待人接物，千万不要以私意的好恶去待人接物。"私意",就是把自己的幸福建立在别人痛苦之上的变态的快乐。"仁恕"就是"无我"。不能"仁恕"就是"有我"。

"器虚则受,实则不受,物之恒也。"王阳明如是说。意为,谦虚就是要把自己当成空的器皿,而不是实在的一块铁墩子。

器皿的价值在于它的空。有个佛教故事说,一个自以为才高八斗的人听说有位老禅师很不得了,于是登门拜访。和老禅师见面后,谈了几句,此人就颇不以为然起来,并屡屡打断禅师的话,唾沫横飞地表达自己的观点。

禅师微笑着,静静地倾听。直到此人口干舌燥,鼻孔冒烟。老禅师说:"我给你倒点水,你接着说。"

此人兴奋地道:"正有此意。"

禅师拿来杯子,此人抢到手中,禅师就向里面注水,滚烫的水在杯中卷起波浪,已经要注满,但禅师丝毫没有停止的意思。

"好,好,好了,哎哟!"来人被溢出杯子的水烫得龇牙咧嘴,气急败坏地把杯子顿到桌上,"你看不到杯子满了吗?"

禅师微微笑着:"是啊,既然已满,为何还要倒呢?"

"那你还倒!"

禅师仍然保持着佛祖似的微笑。此人悟性颇高,马上恍然大悟。禅师大概是说:"既然你已很有学问了,为何还要到我这里来?既然来了,就不要傲慢,清空你的杯子。太满了,不但倒不进去东西,反而会伤到自己。"

家训四：循礼义

礼义，即礼法道义。王阳明要家人遵循礼法道义。或许有人问，礼法外在，王阳明主张心即理，为何还要人遵循外在礼法？

首先，应知"心即理（礼）"这一概念的基本解释。王阳明解释"心即理"是简易直接的：心，在物（事）为理，有此心即有此理，无此心即无此理。

孝顺父母是一事，你真有孝顺父母的心，就必有孝顺父母的理产生；忠诚君主是一事，你真有忠诚君主的心，就必有忠诚君主的理产生，不须去外面学习。如果你没有孝顺父母、忠诚君主的心，就不可能产生孝顺父母、忠诚君主的理，纵然你去外面学了很多套路来，也只是如戏子演戏。戏子演得再逼真，也是假的。

由此可知，心即礼。你真有尊敬长者的心，就必能产生尊敬长者的礼；你真有关爱一个人的心，就必能产生关爱一个人的礼。这些礼数，不需去外面学习，有心就有礼。

有弟子不明白，问道："祭祀天地的礼节多如牛毛，觐见皇帝的礼节也繁杂而有板有眼，这些礼节应该都要学习吧，否则如何知道？"

王阳明回答："这些礼节的具体步骤固然要学，可先要问问自己是否真有虔敬祭祀天地的心，是否真有膜拜皇帝的心，否则纵然学了那些礼节，也只是表面好看，和心有何干？"

又有弟子恍然道："明白了，比如孔子进太庙，问这问那的，并非说他谦虚，而是说他有那分虔敬的心，所以才问这问那，最后就得知了进太庙的所有礼节。"

王阳明高兴地点头，说："你说得很好。世人却不知这道理，误把外面做得好看当作理和礼。比如春秋五霸，特别是齐桓公尊敬周王、帮助弱小诸侯国对付夷狄，世人都认为齐桓公是圣人，其实他的本心只是为了称霸，耀武扬威罢了。所以他拜见周王的种种礼节、向世人宣传的种种大道理都和心脱节，也就不是礼，更不是天理了。"

据说，王阳明的父亲王华去世那天，朝廷有使者前来，宣布王阳明的爵位。当时王家上下已忙得四脚朝天，对王华的即将离世心急如焚，根本无暇顾及朝廷使者。

可王华奄奄一息地教训家人说："我的情况虽不容乐观，但怎能视礼法而不顾？我大半生为官，为官者不遵礼法，哪里配做官？你等必须出迎！"王阳明虽处于悲痛中，但认同老爹的话，于是带领王家人出迎。这是一副凄凉的场面，王家上下在外跪听圣旨，王华在房间里等待死神的降临。礼毕，王华瞑目而逝。

也许对王华这位一生都遵循朝廷礼节的人来说，无论何种情况下，礼法绝不能少，规矩不能改。

王阳明也是如此。

1519年，宁王朱宸濠被擒后，朱厚照要两个心腹张忠和许泰到朱宸濠的老巢南昌处理善后工作。王阳明当时也在南昌，张忠和许泰存心要给王阳明难堪，处处和他作对。有一天，张忠要王阳明去江西督察院找他。王阳明欣然而去，一进衙门，直奔督察院院长的椅子，并且在一屁股坐到上面后，就夸张地示意张忠等人也坐。张忠火了，说："你王阳明凭什么坐主位？"

王阳明严肃地给他们普及常识："我是江西巡抚，是江西省最高军政长官。由于宁王之乱，都察院没有院长，所以我就是都察院代理院长，这个主位就应该是我的。诸位虽然是皇帝身边的红人，炙手可热，但我是巡抚，从二品，比诸位要高，所以无论从哪一方面讲，都应该我是老大。"

张忠的同伙跳起来，说："我们是皇上特别委派的专员，是代表皇帝来的，你怎么敢如此放肆用品级压我们！"

王阳明说："你们是特派员不假，不过你们应好好了解下特派员的权力和义务。我虽然有协助你们办事的职责，但我这个巡抚的权力不容侵犯。"

张忠团伙一时之间不知如何是好，都愣在当场。事后，王阳明对弟子说："我并不是想夺那个位子，但若守不住礼法，就违背了我的良知，将来必受制于人。"

可是，对于内心不认可的礼法，王阳明的态度又是如何呢？

还是在1519年，七月末，王阳明在鄱阳湖上活捉了造反四十余天的宁王朱宸濠。九月初，皇帝朱厚照派出的锦衣卫抵达王阳明所在的南昌城。锦衣卫带了威武大将军的手牌，命令王阳明来见。

威武大将军其实就是朱厚照，此人特喜欢玩耍，几年前，就曾扮演威武大将军出塞外，和蒙古人打了一架。

人人都知道威武大将军就是皇上，皇上就是威武大将军，所以威武大将军的手牌就是圣旨。也就是说，面对威武大将军的手牌和面对圣旨一样，都需要做臣子的王阳明迎接、叩拜，行臣子之礼。

但王阳明偏不，他对劝他去行礼的弟子们说："圣旨就是圣旨，手牌就是手牌，不是一回事。大将军的品级不过一品，况且我是文官，他是武官，文武不相统属。我为什么要迎他？"

弟子们大为惊骇。王阳明说，随便派个人去迎他就是了。

锦衣卫对王阳明不懂礼数火冒三丈，但他无计可施。王阳明不见他，他只能生闷气。更让他七窍生烟的是，按规矩，王阳明要孝敬他一点钱，可王阳明如打发乞丐似的只给了他五两金子，他气得把金子摔到地上。第二天，他让人通知王阳明："我走了。"

"我走了"这三个字具有雷霆之力，它背后的意思是："我去皇上那里告状，你死路一条。"

王阳明施施然出来，未等锦衣卫鼻孔冒火，就拉起锦衣卫的手，动情地说："下官在正德初年下锦衣狱很久，和贵衙门的很多官员都有交情，但您是我见过的第一个轻财重义的锦衣卫。昨天给您的黄金只是出于礼节，想不到就这么点钱您都不要，我真是惭愧得要死。我没有其他长处，只是会做点歌颂文章，他日当为您表彰此事，把您树立成典型，让天下人膜拜。"

这番话说得很有水平，它直指人的良知。人皆有虚荣心，喜欢受人吹捧，如果能被王阳明歌颂，那真是莫大的荣幸。所以锦衣卫怒气顿消，大为感动起来。他让王阳明握着手，说："本来这次来是让您交出朱宸濠的，可我看您也没有这个意思，虽然我没有完成任务，但您的一番话让我心弦大动。我告辞。"

由此可知，王阳明教家人遵循的礼法，必须是和我们内心相应的，**首先是我们内心认可外在的礼法，然后才是去遵循它。**除此而外，一些伪礼法都应该被轻视，甚至是鄙视。

王阳明除了要家人应遵循内心认可的礼法，还要家人遵循道义。什么是道义？王阳明的解释是："心得其宜为义，致良知则心得其义也。"意思是，心安就是义，而让心安的办法则是致良知。

如何致良知呢？

第一，听命于良知。如王阳明所说："尔那一点良知，是尔自家的准则。尔意念着处，他是便知是，非便知非，更瞒他一些不得。尔只要不欺他，实实落落依着他做去，善便存，恶便去，他这里何等稳当快乐。"

第二，集义。就是集善，做事符合道义。

第三，量知而行。"凡谋其力之所不及，而强其知之所不能者，皆不得为致良知。"

最后第四点，极符合"义"的内涵："当弃富贵即弃富贵，只是致良知；当从父兄之命即从父兄之命，亦只是致良知。其间权量轻重，稍有私意于良知，便自不安。"

这就是王阳明所谓的循礼义。归根结底，王阳明还是要家人能致良知。

家训五：节饮食，戒游戏

"饥来吃饭倦来眠，只此修元元更元。说与世人浑不解，却于身外觅神仙。"这是王阳明的诗歌《养生歌》，通俗易懂，意义却极为深远。依王阳明之见，养生要由修身来体现，它贯穿于饮食起居等日常生活中。饿了就吃，困了就睡，只有顺着天性，才能做到正心修身，这比道家追求的最高境界"元"要"元"多了！

饿了就吃，和饮食有关。王阳明告诉家人要"节饮食"，分为三个层次。

首先，饿了就吃，但不能吃太多，只要保证我们身体的能量即可。不但不能吃太多，而且要量力，这个"力"是经济基础。饿了吃饭是天理，但如果超出你经济基础的大鱼大肉，这就是人欲。

其次，饮食不可断，不能如道家那样经常搞"辟谷术"。这是用外力阻止人的身体需求，对身体百害而无一利。

最后，你要把食物彻底消化吸收，否则不如不吃。他曾在一次饭局上对弟子们说，学问也如吃饭一样：吃饭无法消化，身体就会得病；学问无法消化，心理也会得病。

据此，王阳明要家人节饮食，是从修身角度出发的。也就是说，节饮食是修身的一部分，不能不重视。

再来看"戒游戏"，这个话题就非常有意思了。

王阳明年幼时，最喜欢游戏。他喜欢各种孩童玩的游戏，尤其是军事游戏和象棋。当他沉溺于象棋中，两耳不闻世间事时，父亲王华教训他道："你整天鼓捣这种'小技'，是违背圣人的教诲。"

王阳明却一本正经地说："我正是在遵循圣人的教诲啊。"

王华冷笑："你老子我是秀才，圣人说过的每句话我都背得滚瓜烂熟，我怎么从来没有听过圣人让人钻研象棋的话？"

王阳明摇头晃脑地说："您说象棋是'小技'，孔夫子说过，即使是小的技艺，也一定有可取之处（虽小技，必有可观者焉）。这不是告诉人们，可以钻研象棋这种小技吗？"

王华被气得胡子抖了两下，说："你断章取义的功夫还真不错。孔夫子这句话下面还有句话，你可记得？"

王阳明当然记得，但他摇头。

王华冷笑："真是学艺不精。孔夫子下面的话是，但对远大的事业恐怕有影响，所以君子不从事这些小技艺（致远恐泥，是以君子不为也）。"

王阳明假装恍然大悟："孔夫子是个性情活泼的人，他肯定支持人钻研小技。后面那句话大概是后人加上去的，应该不是孔子的话。"

王华的胡子又抖了起来。

可若干年后，他竟然让家人特别是小孩戒游戏，其中大概有他千回百转之后的大悟，恐怕还有一点就是：他把圣学（心学）之外的一切技巧、学问都看作游戏了。

下面的故事可以印证这个答案。

王阳明的一位朋友来找王阳明论学。王阳明告诉他:"学贵在专心。"

朋友说:"对,和你少年时一样,我少年时也喜欢下棋,食不知味,睡不安稳,眼睛不看别的,耳朵不听别的,于是在一年内我战胜了全城的象棋高手,三年后,中国内已没有可以和我对抗的,学果真是贵在专心啊!"

王阳明又说:"学贵在精益求精。"

朋友激动道:"太对了!我后来又迷上辞章,于是字字推敲,句句搜求,研究各种史传,考核诸子百家,由此而始则追踪于唐宋,终又深入于汉魏,学真是贵在精益求精啊!"

王阳明笑了,说:"学贵在学正了。"

朋友更加激动,"是啊是啊。我中年后就迷上了圣贤之道,对下棋后悔了,对词章惭愧了,我对它们都不再上心了,您以为怎样?"

王阳明道:"很好!其实学下棋也叫做学,学词章也叫做学,学圣贤之道也叫做学,结果却大不一样。道就如同大路,道之外的一切就是荆棘丛生的小路,它们是很难到达大路的。所以说,专于道才算得了专,精于道才算得了精。"

朋友不太明白。

王阳明就解释道:"如果只是专于下棋而不专于道,这种专便成为沉湎;精于辞章而不精于道,这种精便成为癖好。讲到道可是又广又大,辞章和技能虽也从道中来,但若只以辞章和技能卖弄,那离道可就十万八千里了。

"非专便不能精,非精便不能明,非明便不能诚,所以《尚书·大禹谟》说'惟精惟一'。精，是精粹的意思；专，是专一的意思。精然后明，明然后诚，所以明是精的体现，诚是一的基础。一，是天下最大的本源；精，是天下最大的功用。连天地万物生成发育的大道都明白了，何况是词章技能那些无关轻重的事情呢？"

这就是王阳明所谓的"戒游戏"，不是让你彻底和那些游戏断绝往来，而是要以道贯穿游戏。这个道就是良知。

"虽小道必有可观，"王阳明说，"如虚无、权谋、术数、技能之学，非不可超脱世情。若能在本体上得所悟入，都可通入精妙。但其念头若专注于此，想若治国平天下，便不能通，故君子不用。"

家训六：毋说谎

在人犯的诸多错误中，说谎是最不能原谅的错误。因为它歪曲了事实，用遁词掩饰着自己的过失。以阳明心学语境讲则是，说谎的人自我创造了一个虚空世界，这个世界里的一切都是假的。倘若对其放纵下去，他们终会沉沦在这个世界，永难再见真实光明的世界。

不说谎就是诚。王阳明说："惟天下至诚，然后能立天下之大本。"按今天的解释，这里的"诚"是真心实意对待每一件事、每一个人，也就是不撒谎、不欺瞒。

朱熹说，"诚"就是不自欺不妄，王阳明按这一思路继续发挥道：诚，就是"诚意"，真诚恻怛地对待自己的念头；只要不自欺，自然不会妄言，也就远离了说谎。

王阳明训导家人"毋说谎"，因为说谎意味着欺骗良知，非致良知。良知说"是"，你偏说"非"，良知说"非"，你偏说"是"。长此以往，形成惯性，你就成了个口是心非的人，成了个虚伪的人。

不但别人鄙视你，纵是你本人，因常和良知作对，也会受到良知的谴责。如此，有何修身养性可谈？

所以，王阳明要你"毋说谎"，只是要你依良知而行，要诚意。

阳明心学认为，良知无善无恶，但良知所发出的"意"有善恶，这个"意"就是念头，我们要在事情上依良知的指引正我们的念头，这就是诚意。

有弟子恍然大悟道："这个嘛，我明白了。比如我要去西天，这是件事，我在这件事上正我的念头。念头就是'不辞险阻，决意向前'，这就是诚意了吧。"

王阳明摇头："不对！"

弟子蒙了："对啊，怎么不对？您说的要在事上正念头啊。"

王阳明道："南辕北辙的那位，也是不辞险阻，决意向前，你觉得他能到目的地吗？"

"不能。"

"这就对了，你说的'不辞险阻，决意向前'只是'意'，是念头。但前面还有个'诚'字，我理解的'诚'就是正。所谓'正'就是为这件事做好充足的准备。这里有'智'的层面。比如你要去西天，首先该知道西天在哪里，你要准备馒头和盘缠，还要准备交通工具，然后再'不辞险阻，决意向前'，这才是真的诚意。"

我们由此可知，"诚意"的内涵竟然如此曲折，但明白后，又如此简易明快。

由此逻辑转进"说谎"来，就可以得出这样的结论：我们屡屡告诫自己，不要说谎，要对自己不喜欢的东西勇敢说"不"，却在平时没有准备，一遇事时重蹈覆辙，仍然说谎，仍然无法拒绝别人，违心地说着谎言。

缺少了"诚"这一环节，纵然意（念头）无比正确，又有何用？

王阳明主张知行合一，必有事焉（心上无时无刻不存天理、去人欲），正是因为很多人缺少"诚"这一环节。倘若缺少了"诚"，"诚意"这一重大的心学概念也就无存在的必要。

所以"毋说谎"，只是个具体要求，王阳明希望家人真正做到的是"诚意"！

家训七：毋贪利

人人必须要有"利"才可生存，但须有个正确的态度。在心安之下所获取的利才是正确的利；**心不安所获取的利，就是贪利。**

王阳明的一生，就是不贪利的典范。

1517年正月，王阳明到江西剿匪。1518年阴历三月，王阳明彻底剿平了江西、福建、广西等几十处土匪。这一地区的匪患曾让中央政府浪费钱粮无数却总是无寸尺之功，而王阳明只用了一年零三个月时间就大功告成。这种成绩可谓光耀千古，但王阳明在平定匪患之后，非但没有邀功请赏，反而要辞职回家。

跟随他的弟子们大惑不解。王阳明说："我已把报捷书送上去三个月，朝廷始终没有奖赏的文件下来，这就说明他们没有奖赏的心，我又何必贪恋这功名呢？"

弟子们哄堂大叫："王老师您立下如此大功，朝廷不奖赏是不对的。我们应继续上疏，请朝廷封赏。"

王阳明摆手道:"这不可。"

"有何不可?王老师是怕别人非议您贪功贪利吗?"

王阳明无可奈何地笑道:"我什么时候在乎过别人的非议?我来江西的念头是剿匪,并非贪功贪利。如果我的念头是功利,那就是真的贪了。一门心思在功利上,心浮气躁,恐怕也无法在这么短时间里平定匪患。所以我要感谢没有'贪利'的念头,朝廷不奖赏我,我也不会动心,因为我的心根本就不在这上面。你等也须记住这些!"

1519年阴历七月,王阳明用四十余天击败了造反的朱宸濠,并将其活捉。朱宸濠在南昌运筹帷幄十余年,精兵强将二十万,倘若没有王阳明,他非把长江两岸变成地狱不可。

这可是能与天地同寿的巨功,王阳明接下来做的事却让人目瞪口呆,他把朱宸濠这块能带来无限利益的宝贝拱手让人。

为什么会有如此狗血的剧情?

真相如下。皇帝朱厚照听说朱宸濠造反后,永不安分的心立即大动,他带领人马南下,想和朱宸濠较量一番,这叫御驾亲征。想不到他才走到河北,王阳明的捷报已到。朱厚照大为恼火王阳明抢了他的功,于是三番五次派人去见王阳明,命令王阳明交出朱宸濠。

皇帝要大臣交出逆贼,情理之中。但朱厚照的念头是破天荒的,他想把朱宸濠释放到鄱阳湖上,由他自己亲自捉拿一回。

这种情况下,王阳明身为臣子,必须交出朱宸濠。但他不交,而是把朱宸濠交给了朱厚照最信任的太监——良知较为光明的张永。

张永问王阳明:"你这是扔了烫手的山芋?"

王阳明正色道:"我并非为自己考虑,而是为了南方的百姓。一旦把朱宸濠释放,战争必起,纵然皇上把朱宸濠活捉,百姓总会受到一点战争的伤害。"

张永沉思，不相信王阳明的诚实："擒拿朱宸濠可是大功一件，你把他交给我，功劳全无，你不可惜？"

王阳明郑重其事地重复了自己的良知："我并非为自己考虑，而是为了南方的百姓！"

张永被感动，接收了朱宸濠。王阳明轻松地置身事外，而他能置身事外，就是他秉承了在家训中说的那三个字：毋贪利。

1529年，王阳明人生的最后一年，他奉命到广西剿匪，大获成功。中央政府非但不赏，而且还要罚他，王阳明听到种种消息时心如止水，不露声色。

有太多的人为他打抱不平。他问这些人："你们为何觉得我冤？"

这些人说："您建立了如此大功，功名利禄本该滚滚而来，如今这些非但不来，还引来了雷霆之怒，这岂不是天下大冤？"

王阳明笑道："你们忘了我来广西的目的。我来广西是剿匪，并非贪功恋利。剿匪已成，此行就无憾，有何大冤？"

这就是王阳明，一生都在秉承毋贪利的人生信条。这种信条曾让他的心获得泰山般的安宁，也曾救过他的命。

不过，他也有例外的时候。

有一次，一老农来见他。老农说，最近家里财政状况堪忧，很多地方需要现金。可悲的是，他没有现金，所以决定将自己的一块田地卖给王阳明。王阳明当即拒绝，他说："君子应成人之美，不可趁火打劫。你是农夫，田地是你的生存源泉，我若买了你的地，你是能解了近忧，可将来怎么办？"

王阳明决定，借给老农所需要的现金，还款日期不限。老农感激涕零，拿着钱千恩万谢地走了。

故事倘若到此为止，那就成了道德版的小故事大道理，这不是阳明心学的风范，所以必有下文。几日后，王阳明和弟子们到山水间游玩。在一处风景如画之地，王阳明看向山凹处一块田地，不禁赞叹道："你们看，那里面山背水，远看如菩萨莲花宝座，实在是风水宝地啊。"

有弟子试探性地问道："老师喜欢这块田地？"

王阳明眉飞色舞："怎能不喜欢？良知能知善恶，它告诉我这就是'善'的，我真是如喜欢美色（如好好色）一样喜欢这块田地。"随即，王阳明脸色呈现遗憾的神情，"可惜它不是我的。"

该弟子笑道："它理应是您的，只是您舍了。"

王阳明迷惑地看着该弟子。

该弟子解释道："这块田地就是几日前那个来和您做买卖的老农的。他当初要卖给您的地就是这块地。"

王阳明"哎哟"了一声。人人都能听出他语气里的懊悔。

可语音未落，王阳明马上顿足扼腕，说道："我怎么会有这种想法？！"

众弟子茫然。

王阳明找了个地方坐下来，紧闭双眼，静如枯木，许久才睁开眼，看到弟子们丈二和尚摸不着头脑的神态，缓缓说道："我刚才的那想法就是私欲，归根结底是贪利。欣喜的是，总算被我克掉了。"

众弟子这才恍然大悟。

这个故事告诉我们，人突生贪利之心不可怕，只要能及时改正。

我们如何改正呢？自然是省察克治，发现贪利这种私欲，然后克掉它。

> 如去盗贼，须有个扫除廓清之意。无事时将好色好货好

名等私逐一追究，搜寻出来，定要拔去病根，永不复起，方始为快。常如猫之捕鼠，一眼看着，一耳听着，才有一念萌动，即与克去，斩钉截铁，不可姑容与他方便，不可窝藏，不可放他出路，方是真实用功，方能扫除廓清。

是不是没有了特定的贪利之心，就是全无私欲都是天理了呢？

未必，纵然没有贪利之心，闲思杂虑也是私欲。

王阳明说："闲思杂念，到底是从好色、贪财、慕名这些病根上滋生的，自己寻求本源定会发现。例如，你自信绝对没有做贼之想，什么原因？因为你根本就没有这分心思。你如果对色、财、名、利等想法，似不做贼的心一样都铲除了，完完全全只是心之本体，还哪里有闲思杂念？这便是'寂然不动'，便是'未发之中'，自然可以'发而中节'，自然可以'物来顺应'。"

也就是说，我们平时的"闲思杂虑"并非闲的、杂的，而是有所指。人人都会寻思自己怎么发财，人人也会担心自己碰上倒霉事。这些胡思乱想的背后，其实都是我们对名利的渴望和对我们害怕失去某些东西的担忧，它们都属于非分之想。如果你看淡名利，如果你真看透生死，你就不可能在平时胡思乱想。

当然，王阳明之所以说闲思杂念也属于私欲，还因为闲思杂虑只存在于我们脑海中，还没有被实现。所以我们思虑的善恶、是非，并非如白昼和黑夜那样容易分辨。我们以为正在对未来憧憬，实际上却是贪欲；我们以为正把自己勾勒成一个伟大的人物，实际上却是好名的私欲。在这些真假难辨的闲思杂虑中，很容易会让良知无法判断，最终会遮蔽良知。

所以，王阳明让家人毋贪利，其实是让人省察克治，最终把贪利的念头清除出心。

有人问:"是不是任何追求利的行为都是错误的呢?"

王阳明摇头道:"当然不是,只要你在追求利的过程中,让良知流行其中,尽管去追求!"

家训八：毋任情

西晋名士王戎的幼儿夭折，王名士整日哀痛欲绝。他朋友山简来探望，王戎仍是悲伤不已。

山简就安慰他："您失去的不过是一个还不懂事、还没有感情的小东西，何必悲伤到这种程度呢？"

王戎抽泣着讲道："圣人寄心大道，没有感情的困扰；最驽下的人浑浑噩噩过日子，根本想不到人间还有感情这回事；只有你我这样的中庸之辈，才是情之所聚、情感丰富的人啊！"

山简大为钦佩而感动，也开始为王戎丧子而悲痛。

两人号啕大哭，如丧考妣。第二天，王戎和山简就都病了。

王戎从情感的角度把人分为三等：太上忘情，其次任情，最下不及情。他说自己处于任情层面。

那么，王阳明是如何看待这种事的呢？

异曲同工的故事发生在王阳明的弟子陆澄身上。陆澄儿子病危，他却远在千里之外，所以心情极度忧闷，整日以泪洗面。

王阳明就对陆澄说："这正是你学心学的最佳时候。"

陆澄一震："我都这样了，怎么还有心情学心学？"

王阳明说："如果在这时不用功，平时讲的那些有什么用处？父亲爱儿子，乃人之常情，不过天理也有个'度'，过了就不好。人都有七情六欲，有人认为，七情六欲应该尽量发泄才算是人，就如父母去世，做儿子的岂不想哭死？可是，古话说了：不能过分悲伤而失去了本性（毁不灭性）。本性的存在靠什么？自然是我们的身体。"

和王戎的见解大不同，王阳明认为，人的确是有感情的动物，但老天给我们这种感情时，不是让我们来挥霍、放纵它的。流露情感时要适度、适可而止。

如果无法做到适度和适可而止，那就是任情。

在人生的最后几年，王阳明和弟子们谈起自己的年轻时代。这种谈心是平静温和的，他说："现在想来，我真是很不喜欢年轻时候的自己。"

弟子们说："老师何出此言？您年轻时在各个领域都出类拔萃，大家有目共睹。"

王阳明笑道："你们看到的是表面，未看到我的心。表面看，我在任侠、骑射、佛道、辞章上专心致志，深入其中，出乎其外，成绩不凡。但我狂热的内心只专注于这些事情的本身，未专注天理。这就比如你做一件事只是为了赚钱，做事只是手段，赚钱才是目的，这就反了。"

弟子们正要作恍然大悟状，王阳明又说："这就是对自己的情绪、情感太放任和迁就，想干什么就干什么，狂热地迷恋事物本身，而不注意事物背后的天理，结果到头一场空。"

弟子们频频点头："做人就该节制自己的情绪，无论遇到什么事，以喜怒哀乐应对时,都应适中。"

毋任情,还应有所为与有所不为。王阳明在《与王纯甫》的文章中说:"居常无所见,惟当利害,经变故,遭屈辱,平时愤怒者到此能不愤怒,忧惶失措者到此能不忧惶失措,始是能有得力处,亦便是用力处。"

人难免会遭遇挫折、屈辱,甚至是巨大变故。当此时,能平静地控制住自己的情绪,这就是致良知了,也是毋任情了。

为什么不能彻底放任自己的情感?心学的道理是,情感不适度地发泄是对情感和精力的分散和浪费,而心学的基本要求是,人应该约束自己的情绪,以养精蓄锐,让情绪免于分散和浪费,从而获得情感所产生的质量和敏锐。

我们都知道,特别理性的人只是因为他能约束自己的情绪,情绪的合理表露会让他拥有人生的质量和敏锐度,使其变得更为理性;感性的人则任由情感泛滥,当真正需要约束感情时,他发现自己已无法控制它们了。

人不能控制过度的情绪,就最终会成为情绪的奴隶,为其所驱使。

凡是得意时就喜不自禁,失意时就怒气冲天,这就叫人被情感左右,何曾自己做主? 牛马被人用绳子穿过鼻孔,人拉着,要走就得走,要止就得止。被情绪所主宰,太可悲了。

当泛滥的情绪主宰你之后,你根本关注不了当下,分不清对错的念头,一事难成。

不要放纵自己的情感,还表现在千万别不近人情。

介子推是春秋五霸最有实力的晋文公的臣子。晋文公还未称霸时,因为宫廷斗争的原因被迫出逃。

原本跟随晋文公的一大批臣僚全作鸟兽散,跟随晋文公的只有介子推几人。尤以介子推最忠心耿耿。

某次，晋文公在逃亡路上饿得晕死过去。介子推一咬牙，把自己大腿上的肉割了一块，又寻了点野菜，做成了肉汤，给晋文公吃。

晋文公开始时神志不清，喝了几口汤后，悠悠醒转，一见汤里有肉，哇呀一声怪叫，扑上去三下五除二就把介子推的一条大腿肉吃掉了。

吃完后，晋文公一面打饱嗝一面疑惑起来，他问："这是什么肉？"

有人回答："人肉。"

晋文公大吃一惊："你们杀人了？"

介子推一撩裤子，露出血淋淋的大腿："主公放心吃，这是俺的腿肉。"

晋文公由吃惊变成了大惊骇，半天才反应过来，急忙指天发誓道："若是以后俺发达了，一定要报答介子推的大恩。"

时光一走就是十九年，晋文公辗转回国，当上了晋国国君，封赏了从前和自己共过患难的所有人，除了介子推。

某日，晋文公大宴群臣，有人趁机把露出的大腿踩到桌子上，像是挑逗晋文公。晋文公皱眉，这人就抽出一把刀，在大腿上割了一块肉下来，龇牙咧嘴地献给晋文公，说："主公，可曾记得否？"

晋文公回首往事，"哎呀"一声："我想到了，介子推，当时他的肉里还有野菜，你这没有。"

众臣"哇啦哇啦"嚷开了。大家都想，这主公真不怎样，当初介子推割肉给您吃，现在，您竟然拿这件事开玩笑。

宴会一散，割肉的人实在忍无可忍，硬闯晋文公卧室，大腿鲜血直流。

"您不能这样对待介子推。"

晋文公想了想，问他："疼吗？"

"不疼，哎哟，哎哟。"

晋文公坐正了，一本正经地说道："你以为我真健忘吗？我当然记得介子推割肉救活我的事。可你想过没有，把自己的肉割了，面不红，心不跳。他对自己都这么狠，对别人呢？这就叫不近人情，冷血动物，我怎敢用这种人？"

战国初期，魏文侯要进攻中山国。大将乐羊毛遂自荐。

魏文侯说："不可，你儿子就在中山国做官，万一他们拿你儿子要挟你，你肯定无功而返。"

乐羊立下军令状，不灭中山誓不还。

乐羊带着千军万马，去进攻中山国。中山国实在抵抗不住了，就把他儿子拖到城墙上，威胁乐羊，再不撤兵，就把他儿子剁碎包包子。

乐羊的进攻更猛了。

中山国真就把乐羊的儿子剁碎包了许多包子，扔到城墙下。乐羊捡起包子，命令："给我吃！"

中山国一看："这是畜生啊，还是投降吧。"

于是，乐羊凯旋。

第二天，魏文侯就让乐羊退休了。

有人为乐羊愤愤不平，魏文侯解释道："这小子连自己的儿子都吃，还有什么事做不出来？"

有人对王阳明说："万物一体之仁，就该一股脑地铺过去，对天地万物同样的好。"

王阳明摇头道："你这又是说闲话了。仁，要有厚薄的。譬如让你选择砍掉身上的胳膊和脑袋，你一定选胳膊。并非我们不爱惜胳膊，而是比之于脑袋，胳膊就没那么重要了。"

我们也可以打个比方，亲人和一个陌生人掉井里，你最先救的应该是亲人，而不是陌生人。如果反了，就是不近人情。介子推割自己的肉，乐羊吃自己的儿子，这都是不近人情。

所谓不近人情，就是我们良知不认可的事。身体发肤受之父母，怎能轻易损害？亲情乃天地第一情，怎能随意割舍？

凡是不近人情的人，纵然做出再大的功业，也是阳明心学认为的最大的恶人。

人类历史上，很多人看上去都大公无私，做下了大义灭亲的事。仔细想想，如果一个人连自己的身体和亲人，都毫不客气地损坏，他对待别人，能仁慈到哪里去？

这也是另外一种任情，比极度悲伤可怕一万倍。

家训九：毋斗气

有一天，你请客吃饭。来了很多朋友，你四处张罗，生怕怠慢了客人。就在忙乱之中，你看到有位客人浑身发抖，满脸青紫。你以为他犯了心脏病，大踏步跑过去，同时还让人叫救护车。

这位客人见你到来，嘴唇颤抖，非常委屈地流下眼泪说："我没有心脏病，我是气的。"

你莫名其妙："谁气到你了？"

客人说："就是你啊，从我进来，你只跟我打了一个照面，你看看我，竟然坐在最后面，你这是瞧不起我，怠慢我。"

你急忙将此人请到主席台前，对他嘘寒问暖，夸张地抒发你对他的友谊情愫。

此人这才破涕为笑，因为高兴，后来喝得酩酊大醉。

我讲这个故事，必有目的。它就是王阳明心学中所谓的"主气"和"客气"：

> 客与主对，让尽所对之宾，而安心居于卑末，又能尽心尽力供养诸宾，宾有失错，又能包容，此主气也。唯恐人加于吾之上，唯恐人怠慢我，此是客气。

主气、客气原本是中医理论，正常的生克制化，称为主气，比如我们平时的呼吸；不正常的生克制化，称为客气，比如咳嗽。

王阳明的解释是，"主气"就是主人发出的符合自己身份的气；"客气"就是客人发出的不符合自己身份的气。

"我"请客吃饭，必要安心居于卑末，尽心尽力供养诸宾，宾有失错，又能包容。

如果"我"是客人，"我"就应该规规矩矩，不计较别人是否怠慢"我"，更不计较有人比"我"坐的位置好。否则，就是客气。

主气是天理，客气是人欲。主气是自我具有的，而客气，注意"客"这个字，它是外来的。主客之分就是内外之分，天理和人欲之别。

或者可以换个说法，主气是正能量，比如志气、豪气、气节；客气是负能量，比如傲气、娇气、斗气。

尤以斗气最平常，所以往往被人忽略，而它对我们造就的影响非常大。

所谓斗气，就是上面例子中的那个浑身发抖、满脸青紫的客人。他在和主人斗气，和所有在场的客人斗气，甚至在和当时的情境斗气。

从心学"为己才可为人"的保身角度看，斗气绝对要不得，因为它伤身，五脏六腑都会受连累。现代科学研究也证明，斗气10分钟，所耗费的精力不亚于一次3000米长跑，而且人在生气时的生理反应异常剧烈，同时会分泌出许多有毒性的物质，这些毒素甚至可以毒死一只大白鼠。从这个程度上说,斗气无异是在慢性自杀。

但如你所知,在人生中,很难做到不斗气。有人问王阳明,人若忿懥(生气)了该怎么办?

王阳明回答:"忿懥几件,人心怎能无得,只是不可有耳。凡人忿懥,着了一分意思,便怒得过当,非廓然大公之体了。故有所愤懑,便不得其正也。如今于凡愤懑等件,只是个物来顺应,不要着一分意思,便心体廓然大公,得其本体之正了。且如出外见人相斗,其不是的,我心亦怒。然虽怒,却此心廓然,不曾动些子气。如今怒人,亦得如此,方才是正。"

这段话大致意思是,生气这东西,人人都会有,但你不能过。你生气的时候,其实就是把外来的东西强行纳入了自己心上。和它一较劲(斗气),就是和主气对峙,完全不符合天理了。

那么,如何应对生气呢?王阳明的办法很有点阿Q精神:当自己为某事生气时,你就把某事当成是别人的,比如你被人揍了一顿,你就把它当成是别人被揍了一顿。这样一来,你虽很怒,怒气却未能让你失去控制,时间一久,你也就恢复平静了。恢复平静,就是天理。

王阳明对家人说,不要斗气,其实就是让家人应时刻保持主气,不要客气。它和阳明心学的一贯思想是相吻合的:主气是天理,客气是人欲。致良知就是存天理、去人欲。

家训十：毋责人，但自治

北宋苏东坡在南方做官时，曾在河岸看到一条可爱的河豚。它游到桥下时闷头闷脑地撞在桥柱上。但它不怪自己不小心，也不想绕过桥柱，反而大怒，认为是桥柱撞到了自己。河豚一怒，非同小可。只见它张开大嘴，竖起明亮的鳍，鼓起肚子，漂在水面上，很长时间一动不动。这时，飞过的老鹰看到它，喜出望外，一个猛子扎下来，将它叼走了。

苏东坡大发议论道："世上有些人在不应该发怒的时候发怒，结果遭到不幸，就如这条河豚，不去改正自己的错误，却怨恨外在事物，终于成了老鹰的食物。"

苏东坡说的这个故事，也正是本节的主题：责人与责己，责己就是自治。

古人曰过：责备别人，要能够原谅别人的过失就像没有发生过一样，这样才能心平气和；要求自己，要在看似没有过失的地方找出自己的过失，这样品德就会增进。

还有古人说：能以责人的心责己，原谅自己的心原谅别人，就是圣人了。

这些话说起来轻松愉快，做起来就有难度。因为人都不愿责备自己，当某件事出了错时，当事人都避而远之，然后开始责怪那是别人的错。实际上，无数的人总是随时准备责备别人，绝不会向自己开炮。

如果这种行为属于绝大多数人，那么，"责人而不责己"是否正确，符合天理呢？

王阳明认为，这种态度是绝不符合天理的。因为责备别人是件轻快活，上下嘴唇一碰，就完事了。责备了别人后，也不必再有后续工作。但责己就特别麻烦，凡是责己，是自己必有错了。认识到了错误后，就要否定自己，然后还要改正，这个过程非常痛苦而且耗费气力。人往往好逸恶劳，所以，都在责人而不责己。

按王阳明的看法，这是颠倒乾坤，本末倒置，人最应遵循的天理就是责己而不是责人。有句话叫"人不为己，天诛地灭"，其实讲的应该是"人不责己，天诛地灭"。

人为己，是修炼自己，让自己成为一个遵循天理、活得充实幸福的人。责人做不到这点，只有责己才能做到。也就是说，**责己是真切地为自己好，而责人对自己毫无益处，反而在责备别人的过程中，得罪他人**。百害而无一利的事，为何要去做？

王阳明有个弟子特别喜欢责人，王阳明就警告他："学须反己。若徒责人，只见得人不是，不见自己非；若能反己，方见自己有许多未尽处，奚暇责人？舜能化得象的傲，其机括只是不见象的不是。若舜只要正他的奸恶，就见得象的不是矣。象是傲人，必不肯相下，如何感化得他？"这名弟子幡然醒悟。

王阳明补充道:"你今后只不要去论人之是非,当责辩人时,就把他当作一件大私欲,克去方可。"

"只见得别人的不是,见不到自己的不是",这种人多如驴毛。王阳明的意思很简单,每个人就是个问题库,太多的问题需要解决,而有些人竟然还想去解决别人的问题。他认为,舜能让象改邪归正,无非就是忽视象的不是,如果舜真是喜欢责人的人,那肯定就把象批评得一无是处。而对于象这种人,他必然不会承认错误。结果只能是让象的恶性暴露在光天化日之下。

自治,就是自己治理自己。一言以蔽之,就是自我管理的能力。 自我管理,听上去很大,其实无非责己。常反省自己的不对之处,加以改正。当你把所有精力和时间都用在自我管理上,正如王阳明所说的,你哪里有时间去责别人?

反之,那些总喜欢责别人的人,是不可能做自我管理的,其人生境界,实在堪忧!

家训十一：能下人，能容人

"能下人，是有志；能容人，是大器"，这两句话，很有味道。能谦逊地甘居人下，能容忍别人的不平，乃至挑衅，是中国传统美德。当然，在王阳明这里，却有智慧的味道。

我们从两个故事开始，来立体地理解这两句话。

秦王朝末年，有个叫韩信的人，整日腰间佩带一把剑，四处游走。有个无赖就挑衅他："你小子整日挎着把剑，能杀人吗？"

韩信说："不能。"

无赖就说："你今天必须要杀个人，要么杀了我，要么从我裤裆底下钻过去。"

韩信考虑了一下，就从无赖裤裆底下钻过去了。史称"胯下之辱"。

"胯下之辱"后来成为中国人忍辱负重的标杆，和"勾践吃屎"并驾齐驱。

有弟子问王阳明："古圣曾说，真君子要杀身以成仁，别求生以害仁，如何理解？"

王阳明回答："只为世上人都把生身命子看得来太重，不问当死不当死，定要宛转委曲保全，以此把天理却丢去了，忍心害理，同者不为。若违了天理，便与禽兽无异，便偷生在世上百千年，也不过做了千百年的禽兽。"

这意思已很明显，遇到不公时，要听良知的命令。如果这件事符合天理，那你为其献出生命也无妨；如果这件事不符合天理，你最好就忍了。

符合天理就是符合良知的命令。韩信在钻人家裤裆之前，良知告诉他的是，这种混账，你没必要跟他一般见识。你若真宰了他，就会去坐牢。由此，你的志向就无法实现了。利害权衡，还是钻了吧。

"胯下之辱"的故事正是"能下人，是有志"的案例解读，能在良知命令下"下人"，因为我有做人上人的志向。此志向坚定不移，雷打不动，区区一个裤裆算什么？

第二个故事发生在唐朝，主角是郭子仪。

郭子仪是平叛"安史之乱"的第一功臣，可谓功高盖主，但他有高度的政治智慧，巧妙地处理着他和其他人的关系。当时的权宦鱼朝恩因嫉妒他的风光，把郭家的祖坟挖了。郭子仪从前线回来后，人们都准备看他怎么收拾鱼朝恩，结果，郭子仪却在皇帝面前说："我带兵打仗，常有士兵挖人祖坟的事情发生，现在天老爷降罪到我自己身上了，这是我的过错啊！"

鱼朝恩惊骇万分，从此再也没和郭子仪作对过。郭子仪后来把"容人"当成家训，传给下一代，代代相传。郭家人丁兴旺，富贵尽有。

"能容人，是大器"和"能下人，是有志"，都是教人朝既定的方向前进，不要被方向之外的人和物干扰。**走正确的路，一定要把路走正确，这才是知行合一**。如果不能容人，不能谦逊居于人下，这条路走起来就会很难。

王阳明只是想告诉家人，千万别忘了致良知这目标，除了这个目标，其他都是闲扯。要能培养这种毅力，非能下人、能容人不可。

不能下人，又不能容人，就会心高气傲、指手画脚，这种人，不但被别人反感，自己也得不到任何好处。

这方面的例子多如牛毛，我们只说说三国时的祢衡，就可感悟到这条家训的威力。

祢衡这人才华横溢，堪称人中龙凤。但他的缺点和优点一样出类拔萃，那就是心高气傲，不肯下人。

开始，祢衡的好友孔融将其推荐给曹操。曹操真心实意请他出山辅佐自己，祢衡鼻孔朝天，说："曹操他也配！"

曹操闻听祢衡鼻孔朝天的言论后，就对孔融说："祢衡只是个不知天高地厚的小子，我若真要杀他，就如同杀掉一只老鼠一样简单，但是我不杀他，这个人在外还有点名气，我不能让人说我没有容人之量。"

孔融把曹操的话告诉了祢衡，祢衡"呸"了一口："他曹操也就能杀人而已。"

曹操的确不杀他，而是把他推荐给了荆州的刘表。祢衡不愿意去，曹操就备了三匹马，派两个人挟持着他走。

祢衡只好上路，临行前他说："老子我还会回来的。"

到了刘表那里之后，祢衡依然故我，时常出言讽刺刘表的左右亲信。很快，刘表手下的人就成了他的死对头。

这些人向刘表打小报告说："祢衡那家伙看不起您，老说您像个娘们儿，最后会失败。这种人，干掉他算了。"

刘表摇头道："祢衡折辱过曹操，但曹操都没有杀他，不过是怕背上度量小的恶名，希望能够借我的手杀掉祢衡，我也不是傻子，听说黄祖那个人脾气十分暴躁，把祢衡让给他吧。"

就这样，祢衡又被送到了黄祖那里。祢衡依然旧习难改。某次，二人喝酒，黄祖问他："你在曹操处都结交了哪些杰出人物？"

祢衡随意回答说："在许都，真正称得上人物的也就孔融和杨修两个罢了。"

黄祖问："比起我来怎么样？"

祢衡瞅了黄祖一样，不屑地说："你？不过就是个庙里受人祭祀的泥木菩萨，而且还是不太灵验的那种！"

黄祖暴怒，把祢衡捆绑得像猪一样拖出去宰了，并把他的人头送给了曹操。这真应了他从曹操处走时说的那句话："老子还会回来的。"

若用阳明心学分析祢衡这个人，就该是这样的：觉得自己永远高人一等，不知人皆有良知，人人皆平等。无法容人、无法谦逊居于人下，倚仗外在的知识或才能而不可一世，终会倒霉栽倒。

家训十二：凡做人，在心地

"凡做人，在心地：心地好，是良士；心地坏，是凶类"，这是王阳明家训的尾声。琅琅上口、朴实无华的几句话却足以让人深思一生。

有人问王阳明："既然良知是指引人向善的，而人人皆有，为何会有恶人？"

王阳明回答："恶人的良知被遮蔽了。"

看到这里，很多人会认为，恶人的良知被遮蔽，就是良知不能发挥作用，分不清是非善恶，于是有了好人和坏人之分。所以，良知就是心地，良知光明，就是良人；良知被遮，就是恶棍。

这种看法大错特错。王阳明早就说过，良知无论光明还是被遮蔽，它都发挥作用，也就是说，它肯定能判断出是非对错。但是，恶人不会执行良知的命令，甚至反其道而行之。

对于抢劫，任何人都知道是错误的，但有人去做，这就是良知被遮蔽了。

良知永远是向善向"是"、天天向上的。但是，我们的心所发出的意（念头）是有善有恶的。所以王阳明要求我们要诚意——真诚恻怛地对待自己的念头——即正念头。

而心地，原本是佛教用语，指的是存心、用心。

存心就是光明良知，用心就是诚意。归根结底，所谓"心地好，是良士；心地坏，是凶类"说的就是：念头正时是良人，念头歪时是坏人。

所以，做人在心地，就是在念头。这件事，你的念头是好的，你就是好人；那件事，你的念头是坏的，你就又成了坏人。

我们可以从西汉宣帝时的宰相丙吉身上得到证明。

丙吉有一天出门办事，见到一群古惑仔正在血拼，有人已满脸血污，倒地不起。丙吉却似没看到般，就从械斗现场走过。

出了城就是郊区，有人驱着一头牛走过，那头牛气喘吁吁，伸长了舌头，有气无力地缓缓前行。丙吉急忙让车夫停下牛车，上前查探，如同医生检查病人一样认真。

回来的路上，他的车夫忽然说道："老爷，我就不明白了。"

丙吉问："你怎么啦？"

车夫说："生死事大，您见到有人械斗，置之不理。可看到一头牛，却跑上去嘘寒问暖。牛比人大？"

丙吉说："这你就不懂了，打架斗殴的事自有京城治安官负责。而那头牛喘得厉害，我担心是天热的原因。现在刚进入春天，如果天气炎热的话，那么老百姓今年的收成就成问题了。我身为宰相，黎民百姓的生计问题是要管的，打架斗殴的事不是我管的。"

后人评价说，丙吉识大体。冯梦龙却嘲讽道："牛体比人体大，他的确是识大体。"

人命关天，丙吉不管，这就是念头不对，此时，他成了坏人。牛吐舌头，他下车询问，所抱的念头是对百姓收成的担心，这个时候他又成了好人。

有人向王阳明请教道："我秉性平直，安分守己，遇到口才好的人，就特别惭愧，恐怕这是根器太弱，后天无法补救吧？"

王阳明回答："你这是重外轻内。如果平时能集义（积累善念善行），则浩然之气至大至公，充塞天地，自然就能做到富贵不能淫、贫贱不能移、威武不能屈；自然就能通晓人讲话背后的意思，凡是那些弄虚作假的言语在你面前根本无从藏身。若能做到这点，你有什么可惭愧的！集义就是致良知。心得其宜为义，致良知就是心得其宜了。"

此人又问："我因和弟弟谋划一件事，结果没成功，还连累了很多人。后来反省，都是因为不老实，您怎么看？"

王阳明回答："所谓老实，须是实在地致自己良知才能得到，不然恐怕所谓老实，正是不老实。"

此人再问："我听说有个县官清廉异常，退休后险些贫困而死，我就跑去给了他些食物，回来后感觉很舒服，自以为有所得，我觉得'自以为有所得'，恐怕不太好，您认为呢？"

王阳明回答："你既然知道'自以为有所得'不太好，其实就是在致良知。做善事，本是天理。若有一分意思在，就是私了，就不是致良知。"

"若有一分意思在，就是私了"，这就是念头不正，心地就不好了。

佛家讲，"一念天堂，一念地狱"；儒家说，动机最重要；王阳明则说，要真诚恻怛地对待你的意（念头），时刻提防它。其实大家说的都是一回事：**好人和坏人，不是永恒的。它们在互相转变，转变**

的玄机就是我们的念头!

明末的心学门徒高攀龙也有类似的家训:我儿生在世上,只想着怎样做一个人,这是第一重要的事,其他事都不要紧。做人的道理不必多说,只消看看《大学》这本书即可。按书上说的去做,就不会有错。自古以来聪明、通达、明智的人,还有那些圣贤豪杰,对这一点看得最透彻,做得早,所以他们名垂千古,永不磨灭。如果听到这些话还不信,那就是平庸、蠢笨的人,应该猛醒过来。

做一个好人,从眼前看,得不到什么好处,但从长远看,是占了大便宜;做一个不好的人,眼前可以得到一些好处,但从长远看,必然要吃大亏。自古以来,成功失败的例子比比皆是,都非常明显,为何有人还执迷不悟?真是可悲!

不错,心地坏的人,的确很可悲!

第二编 王阳明家书

科举无妨圣学：《寄诸用明》

原文

　　得书，足知迩来学力之长，甚喜！君子惟患学业之不修，科第迟速，所不论也。况吾平日所望于贤弟，固有大于此者，不识亦尝有意于此否耶？便中时报知之。

　　阶阳诸侄闻去岁皆出投试，非不喜其年少有志，然私心切不以为然。不幸遂至于得志，岂不误却此生耶！凡后生美质，须令晦养厚积。天道不翕聚，则不能发散，况人乎？花之千叶者无实，为其华美太发露耳。诸贤侄不以吾言为迂，便当有进步处矣。

　　书来劝吾仕，吾亦非洁身者。所以汲汲于是，非独以时当敛晦，亦以吾学未成。岁月不待，再过数年，精神益弊，虽欲勉进而有所不能，则将终于无成。皆吾所以势有不容已也。但老祖而下，意皆不悦，今亦岂能决然行之？徒付之浩叹而已！

译文

收到了你（诸用明）的信，知晓了你近来学问功力大有长进，我非常高兴！真君子向来担心心性涵养的学业有没有做好，至于科举登第，没必要煞费苦心地关注。况且我平时对你的期望，本来就不止于科举登第，不知你是否对心性涵养这件事特别上心呢？如果是，可以和我说。

听说阶阳等几位侄子去年都考科举了，我并非不喜欢他们年少时就有这样的志向，但如果把科举考试当作人生的终极目标，这就有问题了。对青年才俊最好的方式之一，就是让他韬光养晦，厚积薄发。天道如果不聚都无法发散，何况是人呢？一朵花，开得五彩纷呈而没有果实，只是因为它把自己的才华全部表露出来而导致后劲不足。各位贤侄如果觉得我的话不迂腐，天长日久，自然会有精进的地方。

你来信劝我出仕做官，我并非洁身清高、追求隐逸的人。之所以想辞官回乡，是因为我有志于圣学却学问未成。时间不等人，再过几年，身体和精神状态每况愈下，虽然勉强想要精进恐怕也是力不从心，终究无法在心性上有所突破了。这就是我迟迟不愿再回去做官的原因。但家中的长辈，都因为这件事情而不高兴，孝为先，我又怎能完全按自己的意志来行事呢？所以，我只能把自己的心思付之一叹罢了！

解析

诸用明，是王阳明的小舅子，毕生都敬佩他的王姐夫。二人常有书信往来，王阳明这封信写于1511年，当时，已经40岁的他正在北京吏部（组织部）担任着一个没有实权、特别清闲的中级官职，几乎属于半隐退状态。所以，他特别想彻底辞职回老家，专心致志于心学的修炼和传播。

王阳明的家人都反对，小舅子诸用明也来信劝说姐夫不要辞官，非但不要辞官，而且要找机会向上攀登，做大官。于是，就有了王阳明这封回信。

王阳明最先谈的不是做不做官的问题，而是科举和涵养心性的身心之学（圣学）的关系问题。

他的态度很清晰："真君子向来担心心性涵养的学业有没有做好，至于科举登第，没必要煞费苦心地谈论。"

他这样说，并非唱高调，而是他从前以身作则的总结。

王阳明从小的志向就不是科举，12岁那年，他问私塾老师："何谓第一等事？"也就是人生的终极目的是什么。

私塾老师回答："中科举，做大官。"

他郑重其事地摇头道："中科举恐怕不是第一等事，成为圣贤才是第一等事。"

无论是私塾老师还是他的老爹，包括所有听到这句话的人，对他的"吹牛皮"都嗤之以鼻。但让人们目瞪口呆的是，他之后真就这样做了。

在第一次进士试之前，他对考试内容"八股文"的态度非常淡薄，所以第一次参加会试，不出意料地失败了。身边好友都来劝慰他，甚至有人吹捧道："你这次不中，下次绝对中，而且一定是状元。现在就做个《来科状元赋》如何？"

王阳明一笑，援笔立就。他身边的一群文章高手看了文章，不禁惊叹："天才！天才！"

王阳明又是一笑，说："文章小事，科举也不是什么大事。"

三年后，他参加第二次会试，因为根本就没重视考试，所以再度败北。一些和他一样未中举的朋友深感对不起列祖列宗，羞愧之下，竟然号啕大哭。

王阳明却像没事人似的，微笑着拍着哭成泪人的朋友说："你们呀，都以不中举为耻。一个科举算什么啊？"

泪人恼羞成怒："你难道不把不中举当成耻辱吗？"这句话的背后其实是，你这人脸皮真厚。

王阳明始终保持着微笑道："我也有感到耻辱的时候啊。"

"什么时候？"

"落榜动心时。"

此言对落榜动心、哭得稀里哗啦的人而言无疑是一种嘲弄，但对王阳明而言，是发自真心的话语。

如果王阳明的科考故事到此为止，我们将永不会看到未来的那个创建心学、用知行合一横扫天下叛逆的王阳明。在两次科举失败的间歇，一次和朋友的对话，改变了他对科举的态度，他的人生之路也由此转了向。

王阳明对科举不重视，缘于他成圣的念头。士子们都在寒窗苦读八股文，他却寻佛问道、游山赋诗、钻研兵法。

某次，他和一位朋友兴致盎然地谈起兵法，朋友听了许久后，缓缓地问道："你这兵法有用吗？"

王阳明正色道："当然有用！"

"怎么证明呢？"

"只要让我上了战场，我就能克敌制胜。"

朋友笑了："你觉得谁会让一个连进士都不是的人上战场？"

王阳明语塞。

"你若真想验证你的兵法有用，就该找到施展的平台，可你看现在，连科举都过不了。"

王阳明恍然大悟。他所恍然悟到的是，人若想成为圣人，非得过科举这关不可。科举是敲门砖，是平台，也是人生的一种历练。

正是这场对话和对话之后的感悟，让王阳明起了奋发图强，先攻克科举的念头。1499年，王阳明第三次参加进士考试，由于之前的刻苦努力，这次轻而易举地通过了。

在创建心学后，王阳明对科举有了更深的体悟。在当时的社会，一个人如果不考取进士，就很难实现经世济民、内圣外王的理想。可是，如果把科举当成是人生的终极目标，而不注重身心修行，那就会义无反顾地陷入功利的旋涡。

所以，他的主张就是，不必着急参加科举考试，先把身心的学问做好做透，也就是好好修行自我，然后去参加科举考试也不晚。而且，他认为，一个人如果成名太速，也不是什么好事。人就应该和天道一样，应该韬光养晦，厚积薄发。如此，后劲十足，才能天长地久。

在一般人眼中，科举就是俗事，而圣学则是雅事，甚至是圣事，二者泾渭分明。当年，理学的鼻祖程颐就为了修习圣学而放弃科举，一时引为美谈。而王阳明认为，圣学无妨举业。一个人如果异常贫穷而有学识在身，就应该去参加科举，改变自己的经济状况，前提是要有圣人之志。

他非但不排斥科举，反而鼓励他的弟子去参加科举。有个叫王龙溪的人自投入他门下后就不思科举，这让王阳明很是忧虑。他对小王说："我不认为你考了个功名是多么大的荣耀，但我觉得你还是应该去考取个功名来，有了这样的平台，你才能把你所学到的学说更大程度地发扬光大，才能找到你的人生平台。"

也就是说，王阳明认为参加科举是为学者正常的人生追求，攻举业是博取功名的重要手段。

众所周知，当时科举考试内容是理学，王阳明所谓的圣学是他的心学，二者有天壤之别。王阳明如何调和二者呢？

有一次，王阳明某弟子的老爹来看儿子，该弟子就让另外两个同学陪老爹游玩。游玩十余日，该老爹很不好意思地说："让你们陪我这么久，耽误了举子业，真是抱歉。"

两个同学笑道："我们一直在学习举子业啊。"

该老爹道："早就听说心学触类旁通，但它毕竟不是举子业，用心学能得到朱熹的理论吗？没有妨碍吗？"

两同学大摇头道："用良知求朱熹之说，正如打蛇打七寸也。"

该老爹大惑不解，去请教王阳明。

王阳明道："岂止没有妨碍，而且大有益处。学圣学的人，就如治家，其产业、房子、衣服、食物、器物，都是自置。如果请客，就把客人请到家里，万事俱备。客人走了，这些东西也在，终身用之而无穷。如果是学举业，也如治家，从不积累，到请客时，从房子到器物，都要向别人借。客人一走，这些东西还要归还。圣学是吾性自足，不假外求；举业则是事事求于外也。二者一比，是不是高下立判？"

据说，该老爹听后恍然大悟。

在王阳明看来，圣学（心学）是制胜一切的法宝，区区一个科举考试，在圣学面前根本就是小菜一碟。

所以，圣学和科举根本不必调和，因为圣学包含了科举，指挥着科举。

这就是王阳明对科举和圣学的基本态度，也是这封信的重要内容。

在信的最后，他才谈到辞官的问题。而这个问题，仍是圣学的问题。他所以想要辞官，或者不想继续向上爬，原因就是想继续修行圣学。

问题是，所有家人都不同意，于是他只好付之一叹。

这封家书就这样不痛不痒地结束了。

尽人事,听天命:《示徐曰仁应试》

原文

　　君子穷达,一听于天。但既业举子,便须入场,亦人事宜尔。若期在必得,以自窘辱,则大惑矣。入场之日,切勿以得失横在胸中,令人气馁志分,非徒无益,而又害之。

　　场中作文,先须大开心目。见得题意大概了了,即放胆下笔,纵昧出处,词气亦条畅。今人入场,有志气局促不舒展者,是得失之念为之病也。夫心无二用,一念在得,一念在失,一念在文字,是三用矣,所事宁有成耶?

　　只此便是执事不敬,便是人事有未尽处,虽或幸成,君子有所不贵也。

　　将进场十日前,便须练习调养。

　　盖寻常不曾起早得惯,忽然当之,其日必精神恍惚,作文岂有佳思?须每日鸡初鸣即起,盥栉整衣端坐,抖擞精神,勿使昏惰。日日习之,临期不自觉辛苦矣。

今之调养者,多是厚食浓味,剧酣谑浪,或竟日偃卧。如此,是挠气昏神,长傲而召疾也,岂摄养精神之谓哉!务须绝饮食,薄滋味,则气自清;寡思虑,屏嗜欲,则精自明;定心气,少眠睡,则神自澄。

君子未有不如此而能致力于学问者,兹特以科场一事而言之耳。每日或倦甚思休,少偃即起,勿使昏睡;既晚即睡,勿使久坐。

进场前两日,即不得翻阅书史,杂乱心目。每日止可看文字一篇以自娱。若心劳气耗,莫如勿看,务在怡神适趣。忽充然滚滚,若有所得,勿便气轻意满,益加含蓄酝酿,若江河之浸,泓衍泛滥,骤然决之,一泻千里矣。

每日闲坐时,众方嚣然,我独渊默;中心融融,自有真乐。盖出乎尘垢之外,而与造物者游,非吾子概尝闻之,宜未足以与此也。

译文

君子困顿或显达,乃命中注定。虽如此说,人还须努力,既然你多年来学习举业,就该勇上考场,这就是尽人事,听天命。如果一心势在必得,认为成败即荣辱,那可就大错特错了。真正的考试心态,应是入场时,不要把得失放在心上,得失心一起,气馁存而信心无,有百害而无一利。

对于作文,先从大处着眼,也就是宏观把握。一旦把握,立即动笔,直抒胸臆,绝不可犹豫,也不要在文辞造句上苦心琢磨,相信自己的第一感觉，在这种情况下做出的文章，纵然有典故不严谨处，绝不会给人矫揉造作之感。遗憾的是，很多人从大处着眼后，却不相信自己的第一感觉，自信心一失，作文肯定砸了。这缘于得失之心横在胸中，一心不可二用，而很多考生却三用：一心在得，一心在失，一心在文字，怎么可能成事？

这就是不关注当下应做的事，不专一，不符天理人情，纵然侥幸取得成功，君子也不会重视。

考试十日前，就要为考试做准备了。

首先，是要早起，平时未养成早起的习惯，临考那天肯定会精神恍惚，作文就不会有好的思路。考生须在鸡初鸣时就起，穿衣洗漱完毕，静坐一会儿，这是为了抖擞精神，不要昏沉。坚持十天，就可达到效果。

其次，是调养。现在很多人的养生观念要么是重口味的大鱼大肉，要么是整日放浪形骸，要么整天睡大觉。这些都是消耗精力，增大惰性傲气，会招致疾病，岂是摄养精神的方法？最好的办法就是少吃多餐，以素食为主，清除体内的"肉味"，身体清净，心自然也会清净。

君子都是用这种方法致力于学业的，我只是借科场考试举个例子罢了。平日读书困倦极了可以小睡一会儿，但千万别昏睡。到了晚上就睡，也不要熬夜坐着看书。

最后，是考试前两日，就不要翻阅考试内容的书籍了。每天只要看文字一篇，当作娱乐。不要相信临阵磨枪的神话，临阵磨枪会劳心耗气，看了等于没看。在考试前两日看书，有时会走火入魔：忽然觉得有所得，忽然又觉得好多知识还未学，忽然更觉得这次考试肯定名落孙山。闲思杂虑一起来，平常人如何能抵抗得了？

考试前两天，尽量让自己闲下来，别人高谈阔论，我则呆若木鸡，尽量让自己超然物外，养得此心不动，考场之上，才能以静制动，决胜千里。

评析

徐曰仁，原名徐爱，号横山，浙江余姚马堰横上村人，是王阳明的妹夫，同时也是王阳明的首批弟子之一。当初，徐爱和他叔叔一起去到王家相亲，王阳明的老爹王华有识人术，认定徐爱的叔叔性情放逸，结果徐爱成了王家的女婿。

徐爱对大舅哥王阳明是万分敬佩。王阳明被发配龙场驿站前，徐爱就拜到王阳明门下。1508年，王阳明创建心学后，徐爱想去找王阳明探讨新学问，王阳明对他说："你应该先去会试。"于是就有了这封信。

这封信实际上是王阳明以应试为例来讲他的人生哲学。他首先说，君子应尽人事、听天命。尽到人事，天命眷顾与否，就不是我们要想的事了。无奈人人都有得失之念，不但文章做不好，做人也恐怕不会幸福。其次，无论是做文章还是做学问，都要储存精神，保持精神明澄的状态。最后，人应该杜绝想得太多（闲思杂虑），保持本心清净。

徐爱向来对王阳明言听计从，得到这考试法门后，马上付诸实践。

结果，他落榜了。

这是不是说明王阳明的这套心术毫无用处呢？徐爱不这样看，王阳明也不这样看。他得知徐爱落榜后，再次去信安慰他："你现在还年轻，一次考不上没有关系。最要紧的是修德积学，以求大成。一个科名，不是我对你的期望。养心须从义理着手，为学须聚精专一，万不可为习俗所移,不可为物质利益所引。"最后,他希望徐爱能来龙场学习他新创建的心学。徐爱接到信后,草草准备了行装,就奔龙场驿来了。

姐夫小舅子一见面,便胜却人间无数。两人谈的问题和《示徐曰仁应试》已毫无关系,却和王阳明心学的灵魂有关。这灵魂便是"知行合一"。

徐爱初到龙场后,大概就听了王阳明的"知行合一"说,但很不理解。王阳明就让他举个例子,徐爱就举例说:"人人都明'知'对父母应该孝顺,对兄长应该尊敬,但往往不能孝、不能敬,可见知与行分明是两回事。"

王阳明回答:"这是被私欲遮蔽了,已不是知与行的原意。天下就没有知而不行的事。知而不行,就是没有真知。

"圣贤教与知和行,正是要恢复原本的知与行,并非随便地告诉怎样去知与行便撂挑子了。所以,《大学》用'如好好色''如恶恶臭'来告诉人们,什么是真正的知与行。

"见美色是知,喜美色是行。见到美色时就马上喜好它了,不是在见了美色之后又立一个心去喜好。闻到恶臭是知,讨厌恶臭是行。闻到恶臭时就开始讨厌了,不是在闻到恶臭之后又立一个心去讨厌。一个人如果感冒鼻塞,就是看到恶臭物在跟前,鼻子没有闻到,也不会太讨厌,只是因他不曾知臭。又如,我们讲某人知孝晓悌,肯定是他已经有孝悌的行为,才能称他知孝晓悌。不是他只知说些孝悌之类的话,就认为他是知孝晓悌了。再如知痛,必须是他自己痛了,才知痛;知寒,必须是自己觉得寒冷;知饥,必须是自己肚子饥饿了。你看,知与行怎能分开?

"这就是知与行的原意,是未被人的私欲所迷惑的。圣贤教人,一定是这样才可以称作知。不然，只是未曾知晓。这是多么紧切实际的功夫啊！当今世人并非把知、行说成两回事，是何居心？我要把知行说成是一回事，是何居心？倘若不懂得我立言的主旨，只顾说一回事两回事，又管什么用呢？"

徐爱还是茫然，但不能不说话啊，所以就说了下面这段看似英明的话："古人把知行分开来讲，是让人有所区分，一方面做知的功夫，另一方面做行的功夫，如此功夫方有着落。"

王阳明笑道："你这样说，可就是违背古人的本意了。我曾说知是行的主意，行是知的功夫，知是行的初始，行是知的结果。如果真明白知行是合一的，只说知，行已自在其中了；只说行，知也自在其中了。古人之所以单独说知、行，只因世上有一种人，只茫茫荡荡随意去干，根本不思考琢磨，所以必须说一个知，他才能行得端正；另外还有一种人，每天胡思乱想，天马行空，可却不愿切实力行，所以必须要说一个行，他方能知得真切。这是古人为了救弊补偏，不得已而使用的对策。假若明了这一点，一句话就足矣。

"现今的人并非把知、行分为两件事去做，认为是先知然后行。所以，人人都认为应先去讲习讨论，做知的功夫，等知得真切，再去做行的功夫。遗憾的是，这种人终生不得行，也就终生不得知。这不是小事，此种错误认识为时很久了。

"现在我说的知行合一，正是对症下药，并非我凭空捏造。知行本体原本就是这样。如果知晓我立论的主旨，即使把知行分开说也无关紧要，其实仍是一体；如果不晓我立论的主旨，即使说知行合一，又有何作用？那只是闲扯淡而已。"

这一大段话，即王阳明对"知行合一"简易明澄的解析，没有故弄玄虚，非常接地气。我们由此可知，知行合一的"知"不是知道，而是良知，即我们与生俱来的道德感和判断力。如果我们能遵循内心的良知，复杂的外部世界将变得格外清晰，制胜决断，了然于心，彰显于外。

关于知行合一的"行"，王阳明说，不要以为看得见、摸得着的行动、实践才是行，一念发动就是行了。所以，从这点而言，王阳明提知行合一，还是让我们注意念头的对错，不要以为没有付诸看得见摸得着的实践，随便乱想无关紧要。其实，念头非常重要。

正如王阳明对徐爱说的，君子无论是进考场还是进社会，都要有个正念：尽人事，听天命。

走正确的道路,把道路走正确:《示弟立志说》

原文

予弟守文来学,告之以立志。守文因请次第其语,使得时时观省;且请浅近其辞,则易于通晓也。因书以与之。

夫学,莫先于立志。志之不立,犹不种其根而徒事培拥灌溉,劳苦无成矣。世之所以因循苟且,随俗习非,而卒归于污下者,凡以志之弗立也。故程子曰:"有求为圣人之志,然后可与共学。"人苟诚有求为圣人之志,则必思圣人之所以为圣人者安在。非以其心之纯乎天理而无人欲之私与?圣人之所以为圣人,惟以其心之纯乎天理而无人欲,则我之欲为圣人,亦惟在于此心之纯乎天理而无人欲耳。欲此心之纯乎天理而无人欲,则必去人欲而存天理。务去人欲而存天理,则必求所以去人欲而存天理之方。求所以去人欲而存天理之方,则必正诸先觉,考诸古训,而凡所谓学问之功者,然后可得而讲，而亦有所不容已矣。

夫所谓正诸先觉者，既以其人为先觉而师之矣，则当专心致志，惟先觉之为听。言有不合，不得弃置，必从而思之；思之不得，又从而辨之，务求了释，不敢辄生疑惑。故《记》曰："师严，然后道尊；道尊，然后民知敬学。"苟无尊崇笃信之心，则必有轻忽慢易之意。言之而听之不审，犹不听也；听之而思之不慎，犹不思也；是则虽曰师之，犹不师也。

夫所谓考诸古训者，圣贤垂训，莫非教人去人欲而存天理之方，若五经、四书是也。吾惟欲去吾之人欲，存吾之天理而不得其方，是以求之于此。则其展卷之际，真如饥者之于食，求饱而已；病者之于药，求愈而已；暗者之于灯，求照而已；跛者之于杖，求行而已。曾有徒事记诵讲说，以资口耳之弊哉！

夫立志亦不易矣。孔子，圣人也，犹曰："吾十有五而志于学，三十而立。"立者，志立也。虽至于"不逾矩"，亦志之不逾矩也。志岂可易而视哉！

夫志，气之帅也，人之命也，木之根也，水之源也。源不濬（ruì）则流息，根不植则木枯，命不续则人死，志不立则气昏。是以君子之学，无时无处而不以立志为事。正目而视之，无他见也；倾耳而听之，无他闻也。如猫捕鼠，如鸡覆卵，精神心思凝聚融结，而不知有其他，然后此志常立，神气精明，义理昭著。一有私欲，即便知觉，自然容住不得矣。

故凡一毫私欲之萌，只责此志不立，即私欲便退；听一毫客气之动，只责此志不立，即客气便消除。或怠心生，责此志，即不怠；忽心生，责此志，即不忽；燥心生，责此志，即不燥；妒心生，责此志，即不妒；忿心生，责此志，即不忿；贪心生，责此志，即不贪；傲心生，责此志，即不傲；吝心生，责此志，即不吝。盖无一息而非立志责志之时，无一事而非立志责志之地。故责志之功，其于去人欲，有如烈火之燎毛，太阳一出，而魍魉潜消也。

自古圣贤因时立教，虽若不同，其用功大指无或少异。《书》谓"惟精惟一"，《易》谓"敬以直内，义以方外"，孔子谓"格致诚正，博文约礼"，曾子谓"忠恕"，子思谓"尊德性而道问学"，孟子谓"集义养气，求其放心"，虽若人自为说，有不可强同者，而求其要领归宿，合若符契。何者？夫道一而已。道同则心同，心同则学同。其卒不同者，皆邪说也。

后世大患，尤在无志，故今以立志为说。中间字字句句，莫非立志。盖终身问学之功，只是立得志而已。

译文

弟弟（王）守文来学心学，我告诉他先从立志开始。大概是我当时没有说清楚，守文来信说，请详细说明，最好是通俗易懂，有可操作性。于是，我写了这样一封信给他。

做学问和做事业一样，首先要立志。志不立，如同种植植物而不种其根，却一门心思培育灌溉，终究劳苦无成。世人之所以因循苟且，随波逐流，成为平庸，都是因没有立志的缘故。所以程颐说："能立下圣人之志的人，才可与其结交谈学问。"人如果真有为圣之志，必然会琢磨圣人为什么会成为圣人。其实这种事不用琢磨，圣人无非心纯为天理而无一丝私欲。那么，如果我要成为圣人，也不过是追求天理摒弃私欲罢了。要想如此，必然会探寻"保存天理摒弃私欲"的方法。要求这种方法，必"正诸先觉，考诸古训"，只有做到这两点，才算是志真的立下了。

所谓"正诸先觉"，就是求证于先觉者，先觉就是历史上那些圣人和我们身边"心中全是天理而无一丝私欲"的人。我们要把他们当成老师，毕恭毕敬，专心致志，惟他们马首是瞻。倘若我们的想法和他们的话语有所不合，也不可轻易弃掉，认真思考为上；如果思考后仍无良好结果，那就辨析，一定要搞清楚先觉们的话中深意，搞清楚其话中深意后，就不要轻易生疑惑，要笃信之！所以《礼记》说："老师受到尊重，然后真理才能受到尊重；真理受到尊重，然后人们才知道虔敬地学习。"如果没有尊崇笃信老师之心，必生轻视忽略怠慢之意。老师说的话，左耳听右耳出，纵然有老师教育你，也等于没有老师。

所谓"考诸古训"，就是考证古圣先贤的经典。古圣先贤的经典，无非教人摒弃私欲而保存天理的方法，比如《五经》《四书》。如果我特别真诚地要祛除自己的私欲而存养天理却没有方法，那就该读古圣先贤的著作。打开经典之时，肯定如饥饿的人之于食物，只求一饱；生病的人之于药物，只求痊愈；黑暗中的人之于灯，只求光明；瘸子之于拐杖，只求行走。难道有人曾记诵讲说圣贤经典，只是得到了一些耳朵进口里出的皮毛之见吗？

其实，立志是件特别难的事。圣人孔子说："吾十有五而志与学，三十而立。"所谓"立"，就是立志。孔子又说，七十岁后就从心所欲"不逾矩"，也不过是始终坚持志向，而没有让志向"逾矩"。由此可知，志岂是可以随意轻视的！

志向，是浩然之气的主人，人的生命，树木的根基，水的源头。源头枯竭则支流全无，树根不栽培则木叶萧萧，生命不保养则人非死不可，没有志向，浩然之气则无法升腾。所以君子的学业，无时无处不以立志为第一要务。眼睛所看见的、耳朵所听到的，没有其他，只有志向。正如猫捕鼠，如母鸡孵蛋，精神心思凝聚融结，根本不知有其他事，唯有如此，志向才能久远而立，神精气明，义理昭然。在这种情况下，一有私欲，我们马上就可觉察到，自然就要马上去人欲了。

所以，只要有一毫私欲萌发，就要质问自己志向是否坚定，私欲马上会逃走；一有习气所染，就要质问自己是否志向不坚定，习气自然消除。有了懒惰之心，就质问志向是否坚定，那就不会起懒惰之心；疏忽大意之心生，就质问志向是否坚定，那就不会起疏忽大意之心；有了烦躁之心，就质问志向是否坚定，那就不会起烦躁之心；嫉妒之心生，就质问志向是否坚定，那就不会起嫉妒之心；忿怒之心生，就质问志向是否坚定，那就不会起忿怒之心；贪念之心生，就质问志向是否坚定，那就不会起贪念之心；傲慢之心生，就质问志向是否坚定，那就不会起傲慢之心；吝啬之心生，就质问志向是否坚定，那就不会起吝啬之心。人只要活着，就没有一时一刻不是立志、质问志向是否坚定的，就没有一件事不是立志、质问志向是否坚定的。所以，质问自己志向坚定的功夫，正如烈火烧毫毛，只要一质问志向是否坚定，就如太阳一出，而人欲（魍魉）顿消失无踪。

自古圣贤都是按时代的不同施以不同的教育，但无论任何时代的任何教育，其主旨都是大同小异。《书》说的"用功精深，用心专一"，《易》说的"用严肃恭敬的态度来保持内心的正直和真诚，用合乎道义的方式来规范自己的言行",孔子说的"格物致知,诚意正心,广博知识,约束礼仪",曾子说的"尽心为人,推己及人",子思说的"尊重德行也要讲究学问",孟子说的"多做善事以养浩然之气,以求安心",可谓众说纷纭,但纳入我心,心心相印,为什么会这样?因为"道一"而已。道同则心同,心同则学同。如果有人发出不同的声音,那就是邪说。

后世让人忧心的地方,就是人人毫无志向,所以我今天以立下志向为题,说了这么多。字字句句都是立志。原因很简单,每个人的终生问学之功,只是志向坚定而已。

评析

"立志"是王阳明谈得最多的问题,1508年创建心学后,他给弟子制定的守则中,第一条就是"立志"。《传习录》中,随便翻到一页,非有"立志"不可。这封《示弟立志说》,正如王守文所期望的那样:通俗易懂地详细地叙述了"立志"这一心学上的尊贵主题。

《传习录·陆澄录》中,王阳明明白无误地说道:"所谓立志,就是要念念不忘存天理。若时刻不忘存天理,日子一久,心自然会在天理上凝聚,这就像道家所说的'结圣胎'。天理意念常存,则会逐渐达到孟子讲的美、大、圣、神境界,并且也只能从这一意念存养扩充延伸。"

到底立什么样的志,王阳明已说得清楚,那就是成为"心中全是天理而无一毫人欲"的圣人。所谓圣人,不一定是呼风唤雨、撒豆成兵的神人,也不一定是征服帝国凯旋而归的战神,更不一定是富可敌国、挥金如土的超级土豪。王阳明所谓的"圣人"就是指"肯致良知"的肉眼凡胎的芸芸众生。

无论你出身如何、智商如何、身处社会哪一层，只要你肯致良知，保存天理祛除私欲，你就是立下了最完美的"志"，也就是王阳明所谓的圣人。

说得直白一点，王阳明所谓的立志，就是要你找到自己人生的方向。而这个方向在王阳明看来，就是走正确的道路，然后把道路走好，走到底。

我们如何才能走一条正确的道路？

外在的标准答案太多！孔子的答案是仁者爱人；老庄的答案是任我逍遥；释迦牟尼的答案是普度众生；东汉光武帝刘秀未发迹时的答案是娶妻当娶阴丽华（当时的大美女），做官当做执金吾（皇家卫队长）；东晋权臣桓温的答案是不能流芳百世，也要遗臭万年。

还有更多让人眼花缭乱、动人心弦的答案：全心全意为人民服务；老婆孩子热炕头；死了我一个，幸福千万家……

这些确定都有人走过的道路，可能有一条适合你，也可能你不会走任何一条。那么，是不是就没有正确答案了呢？

有！

它在你心中！

王阳明说，只要你是个人，就有良知。而良知会毫不隐瞒地告诉你人生道路的正确答案。

良知是什么？

王阳明说：一、它能知是非善恶；二、它与生俱来，唯人所有；三、它感应神速，是本能，是直觉；四、它有好恶之心。

良知告诉我们的道路，就是正确的道路。但由于良知有大小之分，人人所追求的道路就有宽广和狭窄的分别。不过，无论是光明大道还是通幽曲径，它们都是路。

如果非要给这条路起一个名字，那它的名字就该是心安。

如何正确地选择到心安这条路呢？

王阳明有两个办法：正诸先觉（求证于先觉者）、考诸古训（考证古圣先贤的经典）。其实无非找到好的导师和好的书，然后真心实意地对待他（它）们。

如何正确地走在心安这条路上呢？王阳明的指示非常明确："只要有一毫私欲萌发，就要质问自己志向是否坚定，私欲马上会逃走；一有习气所染，就要质问自己是否志向不坚定，习气自然消除。有了懒惰之心，就质问志向是否坚定，那就不会起懒惰之心；疏忽大意之心生，就质问志向是否坚定，那就不会起疏忽大意之心；有了烦躁之心，就质问志向是否坚定，那就不会起烦躁之心；嫉妒之心生，就质问志向是否坚定，那就不会起嫉妒之心；忿怒之心生，就质问志向是否坚定，那就不会起忿怒之心；贪念之心生，就质问志向是否坚定，那就不会起贪念之心；傲慢之心生，就质问志向是否坚定，那就不会起傲慢之心；吝啬之心生，就质问志向是否坚定，那就不会起吝啬之心。"

心安的人必是快乐的人。而快乐是人人都希望得到并人人都能得到的一件宝贵财富。有人曾问王阳明："我去追求声色货利，行吗？"

王阳明说："当然可以。"

此人大为惊讶："君子喻于义，小人喻于利，追求声色货利，岂不成了小人？"

王阳明回答："只要有良知运行于声色货利之中，那就不是小人。"

这段话的意思告诉我们，人可以树立声色货利的志向，但它必须要有良知保驾护航。唯有听命于良知，你在追求声色货利的道路上才可心安，才能快乐。

你说你的志向是买一套大房子，其实良知告诉你的是，你的志向应该是安全感；你说你的志向是出人头地，其实良知告诉你的是，你的志向应该是自我价值的实现；你说你的志向是富可敌国，其实良知告诉你的是，你的志向应该是一种人生的满足感。

所以，我们所立下的任何志向，不过是为了满足我们的某些感觉，这些感觉才是人活下来的动力。而良知是本能、直觉、感觉，所以听从它的答案，绝对没有错。

走正确的道路，把道路走正确，这就是王阳明在这封《示弟立志说》要表达的主要思想。

走一条正确的路，相当重要，它不但会影响一个人的幸福感，有时还会决定生死。因为只有道路正确了，你才能心安；心安才能理得；符合天理，才能把道路走对，走到底。反之，道路不正确，就不会心安；心不安，理就无法获得；不符合天理，这条路就是一条死路。

1519年阴历六月十四，南昌城的宁王朱宸濠在立志了十余年，酝酿了十余年后，祭起了革命的大旗。他当时有精兵二十万，号称百万，浩浩荡荡向东方出发。

王阳明得知此事后，立即决定要阻止朱宸濠的远大志向。他对军事参谋们说："朱宸濠有三计：第一，从南昌直袭北京；第二，从南昌突袭南京；第三，死守南昌城。如果他出第一计，北京方面没有准备，他很可能旋转乾坤，江山社稷危如累卵；如果他出第二计，长江南北必是血流成河，他运气若好，搞不好会是南北对峙；如果他出第三计，那天老爷保佑，等政府军一到，他只能困守南昌，灭亡指日可待。"

有人问王阳明："您觉得朱宸濠会用哪一计？"

王阳明笑道："朱宸濠的良知明知造反是错误的，却非要逆良知而行。这是一条错误的道路，他的心肯定不安，心上不安，做事就会瞻前顾后，畏首畏尾。唯一能让他心安的就是龟缩老巢，所以只要我们散播勤王之师正在云集江西的消息，他必会死守南昌。"

结果正如王阳明所料，当朱宸濠准备去南京的路上听说勤王之师已进江西境内时，急忙原路返回。而就在鄱阳湖，他中了王阳明的埋伏，全军覆没，他本人也被活捉。

在对付朱宸濠的过程中，王阳明用尽了各种"造假"手段，他伪造了各种迎接正规军进南昌的公文，在这些公文中最耀眼的就是正规军的人数，粗算一下，大概有十万人。公文中还声称，约定在本年六月二十日合围南昌城，二十一日发动拂晓总攻。在另外的公文中，王阳明"回复"说，不要太急躁，为了避免重大伤亡，攻城是下策，应该等朱宸濠出城后打歼灭战。

他还伪造了答复朱宸濠最信任的两个谋士投诚的书信。在信中，他对两人弃暗投明的态度表示深深的欣赏，并且答应两人，在平定朱宸濠后会给两人升官发财的机会。他再伪造朱宸濠手下指挥官们的投降密状，让人去和平时与朱宸濠结交的人相谈，在会谈结束后故意把这些公文遗落。自然，这些伪造的公文统统都到了朱宸濠手里。

有人对王阳明这些造假计谋不以为然地问："这有用吗？"

王阳明不答反问："先不说是否有用，只说朱宸濠疑不疑？"

此人想了想，回答："肯定会疑。"

王阳明再问："为什么？"

"因为他心虚！"

王阳明大笑:"对!心不安,自然疑神疑鬼。"

站在王阳明对"立志"的角度看朱宸濠,他的确有大志向(当皇帝),但这志向却非良知的答案,所以他走到一条错误道路上时,必然处处疑神疑鬼、心上不安,稍有风吹草动,就会大乱阵脚。

人毫无志向是可怕的,但更可怕的是立错志向!

真正的学习是在世俗中修行：
《赣州书示四侄正思等》

原文

近闻尔曹学业有进，有司考校，获居前列，吾闻之喜而不寐。

此是家门好消息，继吾书香者，在尔辈矣。勉之勉之！

吾非徒望尔辈但取青紫荣身肥家，如世俗所尚，以夸市井小儿。尔辈须以仁礼存心，以孝弟为本，以圣贤自期，务在光前裕后，斯可矣。

吾惟幼而失学无行，无师友之助，迨今中年，未有所成。尔辈当鉴吾既往，及时勉力，毋又自贻他日之悔，如吾今日也。

习俗移人，如油渍面，虽贤者不免，况尔曹初学小子能无溺乎？

然惟痛惩深创，乃为善变。昔人云："脱去凡近，以游高明。"此言良足以警，小子识之！

吾尝有《立志说》与尔十叔，尔辈可从钞录一通，置之几间，时一省览，亦足以发。方虽传于庸医，药可疗夫真病。

尔曹勿谓尔伯父只寻常人尔，其言未必足法；又勿谓其言虽似有理，亦只是一场迂阔之谈，非吾辈急务。苟如是，吾未如之何矣！

读书讲学，此最吾所宿好，今虽干戈扰攘中，四方有来学者，吾未尝拒之。所恨牢落尘网，未能脱身而归。今幸盗贼稍平，以塞责求退，归卧林间，携尔尊朝夕切靡砥砺，吾何乐如之！

偶便先示尔等，尔等勉焉，毋虚吾望。

译文

近来得知你们的学业有所进步，学官考试，名列前茅，我听后高兴得睡不着觉。

这是咱家的好消息，能把读书家风继承下来的，就看你们了。努力！努力！

我并非只希望你们取得高官显爵，使自身荣耀，家庭富裕，就像世俗所推崇的那样，在小市民面前洋洋得意。你们应该心中随时想着仁礼，以孝顺父母、友爱兄弟为人生观，以圣贤为榜样，一定要为先人争光，为后代造福，这样才算是真的自身荣耀。

我由于幼年时失去学习的机会，没有引以为傲的成绩，没有老师朋友的帮助，如今人到中年，又毫无成就。你们应该以我的过去为鉴戒，抓紧时间努力，不要让未来的你悔恨现在的自己，就如我现在悔恨过去的我一样。

习俗影响人，就如用油浸泡面粉一样，贤者在习俗面前，也会失去本心，更何况你们只是刚刚开始学习的小孩子，能不沉溺于习俗中吗？

所以，只有以过去的失败为教训，才容易脱身而出。宋代的谢良佐说过："脱离凡庸浅近的人，和高明的人交往。"这句话作为警戒，再好不过，你们应牢牢铭记。

我曾写过一篇关于立志的文章给十叔，你们可以抄录一份，就把它放到桌上，有事无事拿出来看一下，必能从中受到启发。治病的处方虽然传给了庸医，但药还是可以治疗真正疾病的。

你们不要以为你们的伯父我只不过是个平常人，他说的话未必足以效法；又不要以为他说的话虽然好像有理，也只是一种不切实际的空论，不是你们急需的东西。如果你们这样认为，那我真就无话可说了。

读书教人，这是我一直最喜欢做的事。如今虽处在战乱时期，从各地来向我学习的人，我从未拒绝过他们。遗憾的是，奔走于人世，如身在网中，不能脱身而归家。如今幸喜盗贼稍平，只想以尽责求退，隐居起来，带着你们一天到晚研讨学问，我感到没有比这更愉悦的事了。

恰好有空，先写信告诉你们，你们一定要努力啊！不要辜负我的期望。

评析

此信写于1517年四月三十，收信人是王阳明的侄儿王正思等人。

1516年九月，王阳明被任为督察院左佥都御史，巡抚南、赣、汀、漳等处，主要任务就是剿匪。1517年二月，王阳明对福建漳州盗匪进行围剿，四月下旬大获全胜。这封信就写于此时。

大概是缘于他听说侄儿王正思等人学业大有进步，于是有了此信。王阳明首先对侄儿们的表现很欣慰，接着让他们要仁礼、孝悌，以道德圣人为人生观。

接着，笔锋急转直下，他开始谈起了自己：我幼年时失去了学习的机会，没有引以为傲的成绩，没有老师朋友的帮助……

如果这不是病态式的谦虚，那就是他别有用心。王阳明幼年时一直在学习，而且成绩非比寻常，他的良师益友更是车载斗量。

他在诗词歌赋和文章上都卓有建树，军事、理学、佛道上更是让许多人望尘莫及。他曾为读书而累到吐血，也曾为锻造自己的任侠情怀，私出居庸关。种种的一切都证明，王阳明没有失去学习的机会，他的学习机会太多，否则怎么会在各个领域大放异彩。

他说他没有老师朋友帮助，这又是胡扯。大儒娄谅、铁柱宫的老道、满坑满谷的京中文友，他怎能说没有老师朋友的帮助呢？

如你所知，王阳明并非虚伪说谎的人，他讲这句话必有深意。

其实这深意就是，他当初的学习，并没有把精力放在"天理"上，他的那些老师、朋友对他创建心学的帮助也是杯水车薪，甚至没有。

王阳明只是想敬告晚辈们：真正的学习是学习存养天理祛除私欲，是学致良知，是学知行合一，而不是他当初的那些看似身心全力以赴，实则只是逐物的学习。

如何学习圣学（心学）呢？

"立志"是第一大纲目，只要立下为圣之志，才能有毅力向前走，俗话说的，"有个奔头"。然后就是学习。

学习就在生活中，心中随时想着仁礼，以孝顺父母、友爱兄弟为人生观，以圣贤为榜样，一定要为先人争光，为后代造福。另外，远离世俗的沾染，或者到世俗中去修行，虽有俗气四处流溢，然而我心屹立不动，不受其影响。

最后，他担心晚辈们对自己的主张心存疑惑，苦口婆心地叮嘱道："你们不要以为你们的伯父我只不过是个平常人，他说的话未必足以效法；又不要以为他说的话虽然好像有理，也只是一种不切实际的空论，不是你们急需的东西。如果你们这样认为，那我真就无话可说了。"

"因为，"王阳明说，"我喜欢致良知地教育人，尤其是来我这里听我讲学的人越来越多，这说明我讲的还是对人有用的，否则人家早就不来了。人皆有良知，良知之心皆同，既然别人能从我这里受益良多，而我教育他们的也无非这些，你们也必有所受益。"

吾平生讲学，只是"致良知"三字：
《寄正宪男手墨二卷》

原文

　　正宪字仲肃，师继子也。嘉靖丁亥，师起征思田，正亿方二龄。托家政于魏子廷豹，使饬家众以字胤子。托正宪于洪与汝中，使切靡刂学问以饬内外。延途所寄音问，当军旅倥偬之时，犹字画遒劲，训戒明切。至今读之，宛然若示严范。师没后，越庚申，邹子谦之、陈子惟浚来自怀玉，奠师墓于兰亭，正宪携卷请题其后。噫！今二子与正宪俱为泉下人矣，而斯卷独存。正宪年十四，袭师锦衣荫，喜正亿生，遂辞职出就科试。即其平生，邹子所谓"授简不忘"，"夫子于昭"之灵，实宠嘉之"，其无愧于斯言矣乎！

　　即日舟已过严滩，足疮尚未愈，然亦渐轻减矣。家中事凡百与魏廷豹相计议而行。读书敦行，是所至嘱。内外之防，须严门禁。一应宾客来往，及诸童仆出入，悉依所留告示，不得少有更改。四官尤要戒饮博，专心理家事。保一谨实可托，不得听人哄诱，有所改动。我至前途，更有书报也。

舟过临江，五鼓与叔谦遇于途次，灯下草此报汝知之。沿途皆平安，咳嗽尚未已，然亦不大作。广中事颇急，只得连夜速进，南、赣亦不能久留矣。汝在家中，凡宜从戒谕而行。读书执礼，日进高明，乃吾之望。魏廷豹此时想在家，家众悉宜遵廷豹教训，汝宜躬率身先之。书至，汝即可报祖母诸叔。况我沿途平安，凡百想能体悉我意，钤束下人谨守礼法，皆不俟吾喋喋也。廷豹、德洪、汝中及诸同志亲友，皆可致此意。

近两得汝书，知家中大小平安。且汝自言能守吾训戒，不敢违越，果如所言，吾无忧矣。凡百家事及大小童仆，皆须听魏廷豹断决而行。近闻守度颇不遵信，致忤廷豹，未论其间是非曲直，只是忤廷豹，便已大不是矣。继闻其游荡奢纵如故，想亦终难化导。试问他毕竟如何乃可，宜自思之。守悌叔书来，云汝欲出应试。但汝本领未备，恐成虚愿。汝近来学业所进吾不知，汝自量度而行，吾不阻汝，亦不强汝也。德洪、汝中及诸直谅高明，凡肯勉汝以德义，规汝以过失者，汝宜时时亲就。汝若能如鱼之于水，不能须臾而离，则不及人不为忧矣。

吾平生讲学，只是"致良知"三字。仁，人心也。良知之诚爱恻怛处便是仁，无诚爱恻怛之心，亦无良知可致矣。汝于此处，宜加猛省。家中凡事不暇一一细及，汝果能敬守训戒，吾亦不必一一细及也。余姚诸叔父昆弟皆以吾言告之。前月曾遣舍人任锐寄书，历此时当已发回。若未发回，可将江西巡抚时奏报批行稿簿一册，共计十四本，封固付本舍带来。我今已至平南县，此去田州渐近。田州之事，我承姚公之后，或者可以因人成事。但他处事务似此者尚多，恐一置身其间，一时未易解脱耳。汝在家凡百务宜守我戒谕，学做好人。德洪、汝中辈须时时亲近，请教求益。聪儿已托魏廷豹时常一看。廷豹忠信君子，当能不负所托，家众或有桀骜不肯遵奉其约束者，汝须相与痛加惩治。我归来日，断不轻恕。汝可早晚常以此意戒饬之。廿二弟近来砥砺如何？守度近来修省如何？保一近来管事如何？保三近来改过如何？王祥等早晚照管如何？王祯不远出否？此等事，我方有国事在身，安能分念及此？琐琐家务，汝等自宜体我之意，谨守礼法，不致累我怀抱乃可耳。

又

去岁十二月廿六日始抵南宁，因见各夷皆有向化之诚，乃尽散甲兵，示以生路。至正月廿六日，各夷果皆投戈释甲，自缚归降，凡七万余众。地方幸已平定。是皆朝廷好生之德感格上下，神武不杀之威潜孚默运，以能致此。在我一家则亦祖宗德泽阴庇，得无杀戮之惨，以免覆败之患。俟处置略定，便当上疏乞归。相见之期渐可卜矣。家中自老奶奶以下想皆平安。今闻此信，益可以免劳挂念。我有地方重寄，岂能复顾家事！弟辈与正宪，只照依我所留戒谕之言，时时与德洪、汝中辈切靡道义，吾复何虑？余姚诸弟侄，书到咸报知之。

八月廿七日南宁起程，九月初七日已抵广城，病势今亦渐平复，但咳嗽终未能脱体耳。养病本北上已二月余，不久当得报。即逾岭东下，则抵家渐可计日矣。书至即可上白祖母知之。近闻汝从汝诸叔诸兄皆在杭城就试。科第之事，吾岂敢必于汝，得汝立志向上，则亦有足喜也。汝叔汝兄今年利钝如何？想旬月后此间可以得报，其时吾亦可以发舟矣。

我至广城已逾半月，因咳嗽兼水泻，未免再将息旬月，候养病疏命下，即发舟归矣。家事亦不暇言，只要戒饬家人，大小俱要谦谨小心。余姚八弟等事近日不知如何耳？在京有进本者，议论甚传播，徒取快谗贼之口，此何等时节，而可如此！兄弟子侄中不肯略休息，正所谓操戈入室，助仇为寇者也，可恨可痛！兼因谢姨夫回，便草草报平安。书至，即可奉白老奶奶及汝叔辈知之。

近因地方事已平靖，遂动思归之怀，念及家事，乃有许多不满人意处。守度奢淫如旧，非但不当重托，兼亦自取败坏，戒之戒之！尚期速改可也。保一勤劳，亦有可取。只是见小欲速，想福分浅薄之故，但能改创亦可。保三长恶不悛，断已难留，须急急遣回余姚，别求生理；有容留者，即是同恶相济之人，宜并逐之。来贵奸惰略无改悔，终须逐出。来隆、来价不知近来干办何如？须痛自改省，但看同辈中有能真心替我管事者，我亦何尝不知。添福、添定、王三等辈，只是终日营营，不知为谁经理，试自思之！添保尚不改过，归来仍须痛治。只有书童一人实心为家，不顾毁誉利害，真可爱念。使我家有十个书童，我事皆有托矣。来琐亦老实可托，只是太执拗，又听妇言，不长进。王祥、王祯务要替我尽心管事，但有阙失，皆汝二人之罪。俱要拱听魏先生教戒，不听者责之。

译文

正宪字仲肃，王老师（王阳明）的继子。嘉靖六年（1527年），王老师准备去广西征讨思、田二州的叛乱，王老师的亲儿子正亿，被托付给管家魏廷豹。而正宪则托付给我（钱德洪）和王汝中，两人正好可以切磋学问，同时还指点正宪和我的家人们。王老师抵达广西后所寄回的信件，正是军旅倥偬之时，虽如此，书法遒劲，训诫明切。今天读了，仍有当时初读的严肃感。王老师去世后，邹谦之、陈惟浚来兰亭祭拜老师，正宪携《寄正宪男手墨二卷》，请我们三人题字。唉！如今，邹谦之、陈惟浚和正宪都已亡故，而《寄正宪男手墨二卷》独存。正宪当初十四岁，因王老师的功勋，被授予锦衣卫，特别为正亿的出生感到高兴，于是辞职了准备科举考试。观正宪一生，邹谦之有评价道，王老师"嘱咐他的话，永不忘"，我想，王老师的在天之灵，对正宪应是嘉奖的，正宪无愧于王老师的嘱托！

今天船已过了严滩（今浙江省桐庐县南），脚上的疮还未痊愈，不过已有所减轻。家中无论大小事都要与魏廷豹商议再行。勤读书踏实地做事，是我对你最重要的嘱托，万不可忘记。内和外要有防范，门禁要严。凡是来往的宾客和僮仆出入，都要按我当时制定的告示行事，不得有所更改。四官一定要把喝酒和赌博戒了，专心治理家事。保一这个人谨慎踏实，可以托付，你不能受别人鼓动，替换了他。我到前面，会再有信给你。

今天船已过了临江（江西樟树市临江镇），拂晓时和叔谦相遇于半路，谈话结束后，我就在灯下写了这封信给你。沿途很平安，咳嗽仍不见好，但也没有更严重。广西战事很急，我现在是日夜不停，向前进发，所以在南安、赣州恐怕不能留太久。你在家，凡事应遵循我当初给你的戒谕。读书习礼，一日只须前进一步就好，这就是我的希望。魏廷豹此时应该在家吧。告诉所有人，要毫无条件地遵守魏廷豹的命令，你更要做个好榜样。你看信后，就告诉祖母和诸位叔叔，报个平安。如果你们真能体会我的心意，管教家人遵守礼法，我就不必喋喋不休地时刻叮嘱了。把我的意思告诉魏廷豹、钱德洪、王汝中和其他人。

最近你写了两封信给我，我已知家中大小都很好。而且你说能遵循我一向的教导，不敢越雷池半步，你如果真知行合一，我就没有任何忧虑了。家中大小事和僮仆，都要听魏廷豹的意思。最近我听说守度常和魏廷豹闹矛盾，这其中的是非曲直不必说，只是看他和魏廷豹闹矛盾，就已是有错了。后来又听说他奢侈放纵，旧习难改，良知不明，想必是很难化导了。我真不明白，他到底想要干什么，什么时候才能停止这种行径。你叔叔守悌写信来，说你要去科举。但据我的看法，你现在本领还不高，榜上有名的愿望恐怕很难实现。你近来的学业如何，我不知，你须量力而为，参加科举的事，我不阻拦你，也不强求你。钱德洪、王汝中以及我的其他一些弟子在这方面都是高明之人，凡是能用道德正义勉励你的，你犯了过失而能规劝你的，你就应该和这种人亲近。如果你和他们的关系能做到如鱼之于水，不可须臾而离，纵然现在还有不及人处，但也没有什么忧虑的了。

我平生讲学，只有三个字：致良知。仁，是人心。良知之真诚恻恒处，就是仁，没有诚爱恻恒的心，也就没有良知可致了。你在这种地方，定要深入醒悟。家中其他事没有时间一一谈及，你若真能虔敬遵守我的训诫，我也没有必要如此苦口婆心。我希望你把我说给你的话，说给你在浙江余姚的诸位叔伯和兄弟姐妹。上个月，我曾叫人给我邮寄资料，时间这么久了，应该已经发出。如果没有发出，你将我担任江西巡抚时的奏折副本和各种批文一册，共计十四本，整理好带来。我现在已到平南县，离田州已很近。田州的事啊，我继承了姚公（姚谟）的摊子，也许可以因人成事。不过我担心很难收拾这摊子，也就无法抽身而出。你在家中，凡事都要谨遵我一向的教诲，学做好人。对德洪、汝中等人，要时时交流。正亿已托付给魏廷豹。魏廷豹是好人，不会辜负我的托付。家中如果有桀骜不驯，不肯听魏廷豹的话的人，你要和魏廷豹站在一起，对其批评教育。等我回来，对那些屡教不改的人，绝不轻恕。你可随时将我的这种意思告诫那种人。廿二弟近来学业如何？守度近来修身如何？保一近来管理事务如何？保三近来错误改正得如何？王祥等人早晚照管家如何？王祯不出远门了吗？这些事啊，我有国家事务在身，怎么可能一一念及？琐碎家务，你等要体谅我的难处，谨守礼法，不要让我分神。

另外的信

去年阴历十二月二十六才抵达广西南宁，由于意识到造反的各少数民族都有改过自新的诚意，于是我就把军队解散了一部分，向他们表示，我也有好生之德。今年正月二十六，各少数民族首领真就带了他们的人来投降了，足有七万余人。地方平定，非常幸运。这都是朝廷好生之德感动天下，神武不杀的威力潜移默化，才有这样的幸运。站在我王家的角度来看，也是祖宗积德，未有血流成河的杀戮，免去了家破人亡的祸患。待我将事情处置完毕，就上奏朝廷，请求回老家。我想，咱们相见的日子可以预料到了。家中你奶奶，其他人应该都平安吧。今天收到你的信，谈到这点，免去了我的过度挂念。我有要事在身，怎么能再有心力顾及家事！诸位弟弟们和你正宪，只要依我所留的诫谕，时时与钱德洪、王汝中等人交流、切磋心得，我就没有任何忧虑了。从余姚来的兄弟、侄子们如果到了，你来信告诉我。

八月二十七，我从南宁起程，九月初七抵达广城，病情似乎有些好转，但咳嗽还是老样子，却没有严重。一面养病，一面北上已两个多月，不久应该得到让我回家的圣旨。一得到圣旨，我就东下，那么到家的日子就可以计算了。此信一到，你就去告诉祖母。最近听说你和你的叔叔、兄长们都去了杭州考试。科举之事，我怎么敢必须让你如何如何，得知你立志向上，我就非常高兴了。你的叔叔们和兄长们今年成败如何？我想个把月后就可以知道了吧，到那时我应该可以开船了。

我到广城已半个多月，因咳嗽和腹泻加重，还要再休息半个月，等皇上允准我回家养病的命令到了，我就开船回家。家事也没有空闲说，只是要告诫家人，大小都要谦谨小心。余姚八弟等事不知现在进行得怎样。在京有上奏的人，议论很广，八弟的行径只是让一些爱嚼舌根小人的人得了谈资，其他还有什么。这种时候，竟然还有这种事情发生，真是！兄弟子侄中不懂事的多，不懂得体谅，这就是操戈入室，助仇为寇啊，真是可恨可痛！因为谢姨夫回，所以把这封信托他带给你，报个平安。信到了，可告诉全家人知道。

最近因广西地方战事已平靖，突然就动了还乡之意，每想到家事，不禁心上隐隐作痛，不满意的地方太多。守度奢侈淫荡，已是秉性难移，绝不能把大事托付给他，我想，纵然他自己，也会自取灭亡，你一定要儆戒！我还是不以恶意度人，希望他能迅速改正。保一勤劳，这是他可取之处。但他特别着急，对任何事都急功近利，大概是良知太小的原因，不过只要能改掉这毛病，也不错。保三长期为恶，屡教不改，绝不可再留，要迅速把他送回余姚，让他自生自灭去吧；如果有人替保三讲话，或者偷偷收留他，那就是和他一票货色，也绝不能留。来贵这混蛋狡猾懒惰，毫无悔改之意，也要驱逐。不知最近来隆、来价做事怎样？要告诉他们，必下苦功改正反省，同辈中有真能为我着想、为我管事的，我心里有数。

添福、添定、王三等人，只是终日如没头苍蝇般，为谁辛苦为谁忙，根本就不知，从他们身上，你好好思考一下！添保的问题，我曾指出过，但他仍未有改过的心，待我回去后，要狠狠地治他一治。恐怕只有书童一人真心实意为这个家，心中没有毁誉利害，真是可爱之人。如果我家有十个书童这样的人，我就非常心安了。来琐此人非常老实，可以托付，不过他有个缺点，牛脾气，又是个妻管严，不是长久之才。告诉王祥、王祯，一定要替我尽心尽力管事，若有闪失，我非治理他们不可。我上面所说的这些人，都要听魏廷豹的话，不听的人，要施以小惩。

评析

这是王阳明先生的几封家书的汇编，也是王阳明家族当时情势的大尺度侧写。王阳明家族是个超级大家族，在他的伯爵府中，终日人声沸腾，俨然菜市。

王阳明的伯爵府是个超级大宅，在这里，除了大批佣人，还有王阳明的兄弟家族，王阳明的叔叔的家族，王阳明的叔叔的儿子们的家族，王阳明的几个老婆的娘家人、娘家人的家族。

总之，王阳明在他的伯爵府中的确秉承着"万物一体"的世界观，把所有人都当成是自己的一部分。

家信中所提到的那些稀奇古怪的名字，并不一定是王阳明本人的佣人，还包括他几个老婆的，或者是他叔叔的，又或者是他叔叔的儿子们的。在这个人丁兴旺，看上去生生不息的家族中，人际关系异常复杂，每个人都在钩心斗角，或为主子争，或为自己谋。这是个江湖，是个人人心上血雨腥风的江湖，以至于王阳明在遥远的广西的战场上，还时刻担忧着这个家族江湖。

王阳明最担心的有以下几点。

首先就是继子王正宪的教育问题。

王阳明结婚多年，娶了几位妻子，始终无儿。王正宪是王阳明的义子。据说，王正宪给王阳明当儿子的前几年，继父对他并不看好。对人性洞若观火的王阳明认为，王正宪轻浮幼稚，最要命的是竟然不立志做好人。

问题是，继子这东西不能无条件退货，只好自认倒霉。在王阳明长吁短叹时，就有弟子对他说："您向来主张人人皆可为尧舜，可在正宪身上，您却未践行您的主张，可谓知行不一。"

王阳明悚然，眼前起了一阵发光的微风，白色的曙光不见了。他看到了自己的童年，嬉戏无度，狂傲不羁。

从此，王阳明一门心思地教育起王正宪来。我们从这件事上可以了解王阳明的伟大和其心学的精髓：人不怕犯错，犯了错立即改正，和圣人的距离就缩短了。

王正宪后来的表现让王阳明大为满意，正符合了王阳明所提倡的那句话：上智和下愚不移，不是不能移，而是不肯移。只要真的用心学习，听从好人的教导，任何人都能成为好人。

不过王阳明深谙，王正宪不属于那种性情和智慧上等的人，所以必须时刻提醒他走正确的路，要他必须付出比别人更大的精力来成就自己。这也正是王阳明虽人在广西剿匪，却在百忙之中写信给王正宪的原因。

那一时期，掌管王正宪教育的钱德洪写信对王阳明说："正宪的确是可塑之才，日渐高明，未辜负您的所望。"

王阳明病魔缠身，看到这种话时，眉开眼笑。他的目的是把王正宪打造成一个王氏家族的有用之才，纵然在他亲生儿子王正亿出生后，他也没有忘记对王正宪的栽培和敦促。

王阳明对王正宪的教训纷繁复杂，但核心思想不出三个字：致良知。

"致良知"这三个字在王阳明全集中俯拾皆是，但在家书中，这是唯一的一次。

其中的玄机大概如是：王阳明自创建心学后，提出了数目繁多的心学观点，从最开始的心即理到知行合一，然后是静坐、存天理去人欲，到最后的"致良知"，终于百川归海。

这些观点和理论，实际上都是外形的改变，所以有这些改变，是因为无数人的难以理解。提"心即理"时，有人就问他，一切道理、天理都在心上求，恐怕有遗漏吧；提"知行合一"时，有人就质疑，知是知，行是行，怎么能是一回事；提"静坐"时，很多人陷入枯禅之境，险些偏离心学宗旨。

总之，王阳明提出的任何观点、理论，都有人不解和质疑。最终，他把心学思想归结为"致良知"三字上，可谓一劳永逸。

良知与生俱来，无所不能，只要你臣服它，听从它的指令去为人处世，就是致良知，就能成为圣人，其他的一切修行方式都是为致良知服务的，或者正如他向怀疑者所说的那样：你别问那么多话，先把你的良知致了。

他对王正宪说的原话是，我平生讲学，只是"致良知"三字。怎样致呢？首先是要有一颗真诚恻怛的心，这个心就是良知，依良知的命令去行，就是致良知了。凡是人，必有良知；无良知的，它就不是人。

良知是人的尺度，你王正宪是人，就必有良知。其他废话都不要讲，为人处世，致你的良知就万事大吉了。

王阳明这段话恐怕不仅仅是说给王正宪的，对王家任何人，他都苦口婆心地讲过。从这点而言，王阳明家训就是致良知。

其次，王阳明担心的第二点是王家事务的管理问题。

在家信中，王阳明对王正宪千叮咛万嘱咐，学业之事要请教钱德洪、王汝中，家务事一定要和魏廷豹商议，并且要无条件服从魏廷豹。

最后，就是王阳明对恶人的致良知了：对家中一些坏人的应对。

王阳明曾说过，对于那些恶人，你不要单刀直入地揭发他，这是最笨的，因为你触动了他的恶性，非但不能让他悔改，而且会让他的恶性膨胀。

这用良知论就可以解释，人皆有良知，有羞耻之心。当你把他羞耻的事情挑明后，他肯定会和你势不两立。

倘若一个人的良知的确被遮蔽得暗无天日，屡教不改了，那王阳明该怎么办呢？

先看段外延材料，让我们找出王阳明的答案。

这段外延材料其实是一篇文章，王阳明在贵州龙场创建心学后，当地的军政长官从蛮夷之旧俗修了象祠，请王阳明做篇纪念文章。

象是舜的弟弟，开始时总想谋害舜，后来改邪归正。王阳明很喜欢这个题材，就写了《象祠记》，全文如下：

> 灵博之山，有象祠焉。其下诸苗夷之居者，咸神而祠之。宣尉安君，因诸苗夷之请，新其祠屋，而请记于予。予曰："毁之乎，其新之也？"曰："新之。""新之也何居乎？"曰："斯祠之肇也，盖莫知其原。然吾诸蛮夷之居是者，自吾父、吾祖溯曾、高而上，皆尊奉而禋祀焉，举而不敢废也。"予曰："胡然乎？有鼻之祀，唐之人盖尝毁之。象之道，以为子则不孝，以为弟则傲。斥于唐，而犹存于今；坏于有鼻，而犹盛于兹土也。胡然乎？"
>
> 我知之矣！君子之爱若人也，推及于其屋之乌，而况于圣人之弟乎哉？然则祠者为舜，非为象也。意象之死，其在干羽既格之后乎？不然，古之骜桀者岂少哉？而象之祠独延于世。吾于是盖有以见舜德之至，入人之深，而流泽之远且久也。
>
> 象之不仁，盖其始焉耳，又乌知其终之不见化于舜也？《书》不云乎？"克谐以孝，烝烝乂，不格奸"，"瞽瞍亦允若"，则已化而为慈父。象犹不弟，不可以为谐。进治于善，则不至于恶；不底于奸，则必入于善。信乎象盖已化于舜矣。《孟子》曰："天子使吏治其国，象不得以有为也。"斯盖舜爱象之深而虑之详，所以扶持辅导之周也。不然，周公之圣，而管、蔡不免焉。斯可以见象之既化于舜，故能任贤使能，而安于其位，泽加于其民，既死而人怀之也。诸侯之卿，命于天子，盖《周官》之制，其殆仿于舜之封象欤？
>
> 吾于是盖有以信人性之善，天下无不可化之人也。然

则唐人之毁之也，据象之始也；今之诸苗奉之也，承象之终也。斯义也，吾将以表于世。始知人之不善虽若象焉，犹可以改；而君子之修德，及其至也，虽若象之不仁，而犹可以化之也。

翻译成白话文就是：

灵鹫山和博南山有象的祠庙。那山下住着的许多苗民，都把他当作神祭祀。宣尉使安君，顺应苗民的请求，把祠庙的房屋重新修整，同时请我做一篇记。我说："是拆毁它呢，还是重新修整它呢？"宣慰使说："是重新修整它。"我说："重新修整它，是什么道理呢？"宣尉使说："这座祠庙的创建，大概没有人知道它的起源了。然而我们居住在这里的苗民，从我的父亲、祖父，一直追溯到曾祖父、高祖父以前，都是尊敬信奉，并诚心祭祀，不敢荒废呢。"我说："为什么这样呢？有鼻那地方的象祠，唐朝人曾经把它毁掉了。象的为人，作为儿子就是不孝，作为弟弟就是傲慢。对象的祭祀，在唐朝就受斥责，可是还存留到现在；他的祠庙在有鼻被拆毁，可是在这里还兴旺。为什么这样呢？"

我懂得了！君子爱这个人，便推广到爱他屋上的乌鸦，更何况是对于圣人的弟弟呢！既然这样，那么兴建祠庙是为了舜，不是为了象啊！我猜想象的死去，大概是在舜用干舞羽舞感化了苗族之后。如果不是这样，那么古代凶暴乖戾的人难道还少吗？可是象的祠庙却独独能传到今世。我从这里能够看到舜的品德的高尚，进入人心的深度，和德泽流传的辽远长久。

象的凶暴，在开始是这样的，又怎见得他后来不会被舜感化呢？

最后瞽叟也能听从，那么他已经被舜感化成为慈祥的父亲了；如果象还不尊敬兄长，就不能够说是全家和睦了。他上进向善，就不至于仍是恶；不走上邪路，就说明一定会向善。象已经被舜感化了，确实是这样啊！孟子说："天子派官吏治理他的国家，象不能有所作为呢。"这大概是舜爱象爱得深，并且考虑得仔细，所以用来扶持辅导他的办法就很周到呢。不然，以周公的圣明，尚不能保全他的兄弟管叔和蔡叔。从这里能够看到象被舜感化了，所以能够任用贤人，安稳地保有他的位子，把恩泽施给百姓，因此死了以后，人们怀念他啊。诸侯的卿，由天子任命，是周代的制度，这也许是仿效舜封象的办法吧！

我因此有理由相信：人的本性是善良的，天下没有不能够感化的人。既然这样，那么唐朝人拆毁象的祠庙，是根据象开始的行为；现在苗民祭祀他，是信奉象后来的表现。这个意义，我将把它向世上讲明。使人们知道：人的不善良，即使跟象一样，还能够改正；君子修养自己的品德，到了极点，即使别人跟象一样凶暴，也还能够感化他呢。

"人性之善，天下无不可化之人也"，就是王阳明对待恶人的态度，与其说这是一种态度，不如说是一种理想。他觉得天下就没有从一而终的恶人，再恶的人也能被感化，而成为好人。

既然如此，问题就来了。为什么王阳明会在这封家信中，告诫他儿子，那几个混蛋下人如果继续混蛋下去，就把他们赶走呢？

这和他赶尽杀绝那些土匪的念头何等相似：对待恶人，不必解救了，驱逐他或者杀掉他（针对无恶不作的土匪）。

而那些还有良知，只是一时糊涂的人，王阳明的意思是，须时刻教诲并观察，对这种游走于良知和人欲边缘的人，要如猫捕老鼠、狮子搏杀兔子一样。

该如何判断一个人是无法感化和可以感化的呢？

王阳明没有说，或许，这也是他心学的精髓之一：一切全靠自己良知的判断。

这就是这几封家书所说的大致内容，其中蕴藏着王阳明的无限良知，跃然纸上，让人唏嘘不已。

在诸多家信中，王阳明最关心的当然就是义子的教育问题，其实也就是他所说的"致良知"问题。

当时，王正宪并不大，曾有弟子就问王阳明："小孩子能格物（致良知）吗？"

王阳明回答："洒扫应对就是一件物，童子的良知只到这里，就教他去洒扫应对，就是致他这一点良知了。又如童子知道敬畏老师和长者，这也是他的良知处。因此，虽然在嬉戏中，见到了老师和长者，就去作揖恭敬，是他能格物以致敬畏师长的良知了。童子自然有童子的格物致知。"

接着，他又补充道："我这里说格物，从童子到圣人，都是这等功夫。但圣人格物，就更加熟练一些，不须费力气。这样格物，虽然卖柴的人也做得到，但即使是公卿大夫以至于天子，也都是这样做的。"

人人皆可致良知，包括小孩。只是每个人致良知的方式不同，即使同一个人，在不同阶段的致良知也不同。我们唯一要做的就是，根据自身情况和能力去尽力致良知。

有人曾总结过《教父》里的人生观：第一步要努力实现自我价值，第二步要全力照顾好家人，第三步要尽可能帮助善良的人，第四步为族群发声，第五步为国家争荣誉。

这五步，王阳明几乎全做到了。而能做到这些的超级武器，就是他所说的：吾平生讲学，只是致良知三字。

唯自谦才能自信：《书正宪扇·乙酉》

原文

　　今人病痛，大段只是傲。千罪百恶，皆从傲上来。傲则自高自是，不肯屈下人。故为子而傲，必不能孝；为弟而傲，必不能弟；为臣而傲，必不能忠。象之不仁，丹朱之不肖，皆只是一"傲"字，便结果了一生，做个极恶大罪的人，更无解救得处。汝曹为学，先要除此病根，方才有地步可进。"傲"之反为"谦"，"谦"字便是对症之药。非但是外貌卑逊，须是中心恭敬，撙节退让。常见自己不是，真能虚己受人。

　　故为子而谦，斯能孝；为弟而谦，斯能弟；为臣而谦，斯能忠。尧舜之圣，只是谦到至诚处，便是允恭克让，温恭允塞也。汝曹勉之敬之，其毋若伯鲁之简哉！

译文

今人有一大毛病，就是傲慢。千百种罪恶，归根结底，都源于傲慢。傲慢的人就会自以为是，自命不凡，不肯屈下于人。所以，做儿子的傲慢，必不能孝顺父母；做弟弟的傲慢，必不能对哥哥尊敬；做臣子的傲慢，肯定不能忠诚君主。舜的弟弟象对舜的不仁、尧的儿子丹朱品行不好，都是"傲"捣的鬼，一生就这样完结，成了个臭名昭著的人，根本没有药方可以解救。你在学习之前，只有把傲慢除掉，才能进步可言。傲慢的反义词是谦让，谦让就是对症的药方。当然，谦让可不仅仅是外貌谦卑，必须是心中恭敬，只有心上谦逊，礼节上的谦卑才会感人至深。要经常见到自己的不是，真诚恻怛地虚心接受别人的优点。

所以，做儿子的能谦让，就能对父母孝顺；做弟弟的能谦让，就能对哥哥敬爱；做臣子的能谦让，就能对君主忠诚。尧舜所以为圣人，只不过是把谦让用到极致，这极致就是诚实、恭敬又能够谦让，温和、恭逊而称职。你要自我勉励，恭敬如一，千万不可像东周时期赵简子的儿子伯鲁一样（赵简子给他一竹简，上面刻着教训之言，几天后再问他，他竟然丢了）。

评析

人皆有良知，人皆可成圣人，从这点而言，人人平等。傲，就是忘记了这点，他总以为自己比别人强，这是良知不明的典型表现。

良知若不明，无论扮演哪种身份，都不会合格。做儿子，不会孝顺；做弟弟，不会敬爱；做臣子，不会忠诚。

王阳明把这套大道理专心致志地说给义子王正宪听，只是希望他能不傲而自谦。人的良知有大小，但很少有人能把良知扩充到底，一个很重大的原因是，我们会经常产生傲心，自以为别人不如己，自以为自己永远比别人强。这种念头只要稍一发动，就是傲心，就是恶。

很多人都认为，阳明心学是要人自信的学问，其实，阳明心学同样让人自谦。这二者是互相联系，互为一体，如同知行合一的本体。

若要进入自信之境，非自谦不可，唯自谦才能充实扩张自己的良知；若要自谦，非自信不可，只有自信，坚信自己良知拥有伟大的力量，才能虚心求教，成就自己。

王阳明曾说，良知虽不由闻见所得，但必须要到闻见中去，因为只有在闻见中，你才知道自己的良知到底有多大，到底有多光明。外来的闻见就是我们自谦的目标，对天地万物有所敬畏，才可学到天地万物的真谛。

"脱离习气"的自我管理术:《与克彰太叔》

原文

　　克彰号石川,师之族叔祖也,听讲就弟子列,退坐私室,行家人礼。

　　别久缺奉状,得诗,见迩来进修之益,虽中间词意未尽纯莹,而大致加于时人一等矣。愿且玩心高明,涵泳义理,务在反身而诚,毋急于立论饰辞,将有外驰之病。所云"善念才生,恶念又在"者,亦足以见实尝用力。但于此处须加猛省。胡为而若此也?无乃习气所缠耶?

　　自俗儒之说行,学者惟事口耳讲习,不复知有反身克己之道。今欲反身克己,而犹狃于口耳讲诵之事,固宜其有所牵缚而弗能进矣。夫恶念者,习气也;善念者,本性也。本性为习气所汩者,由于志之不立也。故凡学者为习所移、气所胜，则惟务痛惩其志。久则志亦渐立。志立而习气渐消。学本于立志，志立而学问之功已过半矣。此守仁迩来所新得者，愿毋轻掷。

译文

王克彰号石川，是王阳明老师父亲的叔叔，向王阳明先生行过拜师礼，和其他弟子同等待遇，二人私下时，王阳明则向克彰爷爷行家人礼。

分别很久未有书信往来，前几日得到您的诗，发现您最近修学有进步，虽然其中的词意还未纯粹晶莹，不过已超过现在很多人了。希望您把诗歌当作娱乐，若要玩乐之心高明，诗歌中有义理在，必须反躬自问诚实无欺，千万不要急于就某个问题提出自己的论点、见解，也不必苦心修饰自己的言辞，长此以往，会有向外驰求之病。您所说的"善念才生，恶念又在"，足见您下过苦功。不过在这种地方，必须加倍努力醒悟。为什么会这样？是不是习气所缠呢？

自浅陋而迂腐的儒生的观点流行后，大家只认准了口耳之学，已不知有自我管理之道。现在要自我管理，却犹对口耳之学念念不忘，一定是有所挂碍而无法进步。恶念，是后天的习气；善念，是先天的本性。本性被习气扰乱，那是因为没有立定志向。因此，凡是做学问的，内心因不良习惯而改变，被不良风气所占据，就应该好好地反省，并端正自己的志向了。坚持的时间长了，人的志向就会慢慢地树立起来。做学问以立志为根本，志向立起来之后，做学问也就成功了一半。这是守仁我最近得到的感悟，希望您不要随意理解。

评析

日本有个关于习气的民间故事，读来很有意思。

有三个人，一个叫虱子包，一个叫鼻涕虫，第三个叫烂眼睛。虱子包因为全身长满了虱子，所以他有个总挠痒的习气；鼻涕虫因为鼻涕不断往下流，所以他有个总抽鼻涕的习气；烂眼睛因为眼角红肿，不断积累眼屎，所以他有个总是挤眼的习惯。

某日，三人一起上山，一个人说："伙计们，咱们总是不断地挠痒、挤眼、抽鼻涕，这太不雅观了。我们能否从现在开始，都不做这么难看的动作呢？"其他二人说："好！"于是三人发了声喊，就开始了。

然而，三人虽下定了决心，但是虱子包一会儿不挠痒，鼻涕虫一会儿不抽鼻涕，烂眼睛一会儿不挤眼，就非常难受。坚持了一个小时后，虱子包实在忍不住了，他灵机一动，一边用手抓痒，一边大声说："瞧啊，对面山上有野猪！"烂眼睛马上抓住机会，装出向远方张望的样子，一边挤眼睛一边说："哪里啊？让我看清楚点！"鼻涕虫趁势而上，一边做出抬头眺望的样子，一边抽着鼻子，说："赶紧用枪瞄准啊！"这样，三个人很快就做完了他们各自的习气动作。

这个民间故事的名字就叫《三个人的习气》。王阳明在这封信中所谈的正是这个问题：习气。

所谓习气，就是指的行为举止上的不良习惯和作风。

习气的养成，并非一朝一夕，也不可能是一个人"闭门造车"出来。那么，它是如何产生的呢？或者说，人，是如何沾染上习气的呢？

心学巨子李贽曾说过这样一段话。我们生活的这个客观世界善少恶多。绝大多数人为了生存，必须尽快融入这个客观世界。融入的过程，就是善恶进入我们头脑的过程，由于善少恶多，所以我们自然就接触了无数的恶，比如虚伪。

我们明知道闯红灯是不对的,但当所有人都闯时,只剩下你孤零零一个人站在那里等红灯,你自己都感觉别扭,于是,你很难坚持这一"是非观",不知不觉就闯了。

有人明知不义之财不能得,但耳濡目染的全是贪污腐败,到处都是投机取巧,眼前如果有不义之财,怎么可能会不取?这种社会上的恶在我们心上日积月累,最终成为一种常态。我们身在其中,也就见怪不怪了。

于是,纯粹的良知被遮蔽。良知一旦被遮蔽,我们所言所行就不是良知之言行。言虽巧,同真我(良知光明的我)有什么关系呢?这不恰恰是以假人说假话,而事是假事、文是假文吗?其人已经假,实行起来则无不假。因为无所不假,所以整个社会是大假一片。

正如故事中所提到的三位习气的人,改掉习气很难。王阳明却说,习气固然强悍,但真正强悍的仍是我们的良知。如果一个人能立志成为好人,立志做善事,就能使良知光明,良知若光明,一切习气的魍魉鬼怪到我面前,如冰雪见烈日,全部融消,毫不留情!而真有这分志向,你就拥有无穷的力量,祛除那些不良的习气。

此信中,王阳明又重点强调的是,所立的志向要有恒心,不能一曝十寒、三心二意。只要坚持久了,自然会成为习惯,习气就不会沾染到你,你离圣人也就不远了。

善是一种力量:《又与克彰太叔》

原文

　　日来德业想益进修,但当兹末俗,其于规切警励,恐亦未免有群雌孤雄之叹,如何?印弟凡劣,极知有劳心力,闻其近来稍有转移,亦有足喜。所贵乎师者,涵育薰陶,不言而喻,盖不诚未有能动者也。于此亦可以验己德。因便布此,言不尽意。

　　正月廿六日得旨,令守仁与总兵各官解囚至留都。行及芜湖,复得旨回江西抚定军民。皆圣意有在,无他足虑也。家中凡百安心,不宜为人摇惑,但当严缉家众,扫除门庭,恬静俭朴以自守,谦虚卑下以待人,尽其在我而已,此外无庸虑也。正宪辈狂稚,望以此意晓谕之。近得书闻老父稍失调,心极忧苦。老年之人,只宜以宴乐戏游为事,一切家务皆当屏置,亦望时时以此开劝,家门之幸也。至祝至祝!事稍定，即当先报归期。家中凡百，全仗训饬照管，不一。

老父疮疾，不能归侍，日夜苦切，真所谓欲济无梁，欲飞无翼。近来诚到，知渐平复，始得稍慰。早晚更望太叔宽解怡悦其心。

闻此时尚居丧次，令人惊骇忧惶。衰年之人，妻孥子孙日夜侍奉承直，尚恐居处或有未宁，岂有复堪孤疾劳苦如此之理！就使悉遵先生礼制，则七十者亦惟衰麻在身，饮酒食肉处于内，宴饮从于游可也。况今七十五岁之人，乃尚尔茕茕独苦若此，妻孥子孙何以自安乎？若使祖母在冥冥之中知得如此哀毁，如此孤苦，将何如为心？老年之人，独不为子孙爱念乎？况于礼制亦自过甚，使人不可以继，在贤知者亦当俯就。切望恳恳劝解，必须入内安歇，使下人亦好早晚服事。时尝游嬉宴乐，快适性情，以调养天和。此便自为子孙造无穷之福。此等言语，为子者不敢直致，惟望太叔为我委曲开譬，要在必从而后已，千万千万！至恳至恳！正宪读书，一切举业功名等事皆非所望，但惟教之以孝弟而已。

译文

我觉得您最近道德和学业都有进步，但当此衰世，很多严肃的规切警励的话，都被认为是叽叽喳喳的唠叨，您觉得呢？印弟平凡拙劣，很让您费心费力，听说最近他很有改过之迹，这也是可喜之事。当老师最重要的一条就是，对学生要涵育熏陶，说最浅显的道理给学生听，对那些真诚想学习的人，都会能教会他们。而在教学生的过程中，也是在检验自己的道德，可谓两全其美。

正月二十六，我接到圣旨，让我押解宁王朱宸濠到南京。到了安徽芜湖，又接到圣旨要我回江西安抚军民。这两道圣旨都是皇上的意思，没有别的鬼门道，不足忧虑。家中凡事我都放心，但要严厉管理家众，扫除门庭，以恬静俭朴为训，待人要谦虚而不卑不亢，尽心尽力而已，其他的事，不必忧虑。正宪那一辈的孩子狂傲稚嫩，希望您能以我的话教育他们。最近得到书信，说我老爹身体不太好，很是忧愁烦恼。但凡老人，最好经常宴乐戏游，至于家务事，不必操心，也希望您能以这种话来开导我父亲，可谓家门之幸了。祝福祝福！江西的事稍安定，我就会写信告知我的归期。家中任何事，全靠您照管，其他就不多说了。

　　父亲病重，不能回去侍奉陪伴，日思夜想，非常苦恼，这种感觉就如同要渡河而没有船，要飞翔而没有翅膀一样。最近有人从家中来，知道父亲病已减轻，才渐感安慰。每天更希望太叔您多安慰安慰他。

　　我祖母尚停灵治丧，我父亲正是风烛残年，这种年纪，纵全家人日夜侍奉，还担心有什么闪失，更何况是有病在身！即使按照礼制，七十岁的老人守孝，也就是披麻戴孝，其他喝酒吃肉、宴会游玩也都是可以的。我父亲已七十有五，遭母亡故这件事，却是忧苦无以复加，其他家人看到他这种样子，岂能心安？如果我祖母在天有灵，知道我父亲如此忧愁凄苦，该多么伤心？凡是老人，不都被子孙挂念着？所以我认为，丧礼能简则简，不让我父亲受罪。希望您能劝他好好安歇，给家人们一个侍奉他的机会。有机会带他出去散散心，调节他的心情，让他更为舒畅平和。真能做到这点，就是给子孙造了无穷之福啊。这种话，当儿子的不能直接向父亲说，只希望太叔您从中斡旋，使我父亲不至于太过忧伤。望您尽力劝解开导父亲，直到他听从为止，最诚挚地感谢。正宪读书，举业功名等事都可以忽略，只要教他"孝悌"两个字就好。

评析

写这封信时，王阳明的祖母岑老太太去世不久。王阳明曾多次请假要回家看望祖母，遗憾的是，皇帝不允。岑老太去世时，王阳明的父亲王华已七十五岁。正如王阳明所说，这种年纪的人，纵然身体硬朗、吃喝不愁还容易出问题，何况是撞上了母丧！

所以这封信的基调是压抑的，王阳明既对祖母去世而哀伤，又对父亲生病、遇到母丧而心情消沉担心，更对自己无法回家跪在祖母棺前尽孝而悲痛。千万忧愁，发作成信。读这封家信，每个人的心情都不可能好。

王阳明的弟子钱德洪在这封信的最后说道："读到'欲济无梁，欲飞无翼'时，不禁流泪。王老师的学说以万物一体之仁为宗旨，让人盯住我们与生俱来的本性，所以在人的情感上特别恳切真挚。正是这种对情感的恳切真挚，才让我们无论是平时还是临事时，都能随机而动，把事做得异常圆满。"

"万物一体之仁"是阳明心学的世界观。仁是感觉，通俗而言就是，将天地万物当成是自己身体和心灵的一部分，感同身受，爱着别人的爱，痛着别人的痛，哀伤着别人的哀伤。

你可以说这是敏感，但更多的是一种情怀。人类必须有这种情怀，才能向善，才能快乐，才能如钱德洪所说的，无论是平时无事还是临时有事，都能做到以不变应万变。这"不变"就是万物一体。当我们真的把天地万物当成自己身体、心灵的一部分时，我们就会不停地释放本性中最善的那些情感。**善本身就是一种无边无际的力量，我们不停地释放这些情感时，实际上就是在加强这种力量。**

在阳明的心学语境中，真实的世界应该是以我为中心，以我和天地万物的感应为内容，以真情实感的不做作的流露为认知的。

由此我们可知，王阳明先生对父亲的挂念、对祖母的哀痛，小处说是孝，大处说就是万物一体。

人非草木，孰能无情？正因为有情感，而能有节制地发出，才是真正的致良知。

再不学，就老了：《寄诸弟·戊寅》

原文

屡得弟辈书，皆有悔悟奋发之意，喜慰无尽！但不知弟辈果出于诚心乎？亦谩为之说云尔。

本心之明，皎如白日，无有有过而不自知者，但患不能改耳。一念改过，当时即得本心。人孰无过？改之为贵。蘧伯玉，大贤也，惟曰"欲寡其过而未能"。成汤、孔子，大圣也，亦惟曰"改过不吝，可以无大过"而已。有皆曰人非尧舜，安能无过？此亦相沿之说，未足以知尧舜之心。若尧舜之心而自以为无过，即非所以为圣人矣。其相授受之言曰："人心惟危，道心惟微，惟精惟一，允执厥中。"彼其自以为人心之惟危也，则其心亦与人同耳。

危即过也，惟其兢兢业业，尝加"精一"之功，是以能"允执厥中"而免于过。古之圣贤时时自见己过而改之，是以能无过，非其心与果与人异也。"戒慎不睹，恐惧不闻"者，时时自见己过之功。吾近来实见此学有用力处，但为平日习染深痼，克治欠勇，故切切预为弟辈言之。毋使亦如吾之习染即深，而后克治之难也。

人方少时，精神意气既足鼓舞，而身家之累尚未切心，故用力颇易。迨其渐长，世累日深，而精神意气亦日渐以减，然能汲汲奋志于学，则犹尚可有为。至于四十五十，即如下山之日，渐以微灭，不复可挽矣。故孔子云："四十五十而无闻焉，斯亦不足畏也已。"又曰，"及其老也，血气既衰，戒之在得。"吾亦近来实见此病，故亦切切预为弟辈言之。宜及时勉力，毋使过时而徒悔也。

译文

多次得到诸位弟弟的信，觉得诸位都有悔悟奋发向上的念头，我很欣慰！但不知你们是真的诚心实意，还是随口一说。

我们的心因有良知，所以光明如青天白日，没有犯了过错的人却不知他犯错的，最大的问题是不能改。一个改过的念头产生，马上去改，立即就会良知光明。凡是人，谁能不犯错？有错就改才是最宝贵的。蘧伯玉，大贤人，还常常说，"少犯些错误却还没能做到"。商王朝的开创者商汤、孔子，都是圣人，还只是说"知错就改，就没有什么大错了"。很多人都会说"人非尧舜，怎么能没有过错"的格言，其实这是人云亦云，人们根本是不了解尧和舜。如果尧和舜自认为自己不会犯错，那他们就不能称为圣人了。所以他们都会对继承者说："人心是会时常犯错所以难测的，道心是幽微难明的，只有自己一心一意，精诚恳切地秉行中正之道，才能功德圆满。"两人都认为人心是会犯错的，其实也就证明了他们的心和我们的心是相同的。

人心惟危的"危"就是"过错"的意思，只有小心谨慎，下最纯粹的功夫，才能让我们秉行中正之道而免于过错。从前的圣贤们一发现自己有过错，马上就改，所以才会没有过错，并非他们的心和我们的心有所不同。"在人看不到的地方也要警惕谨慎，在人听不到的地方也须唯恐有失"的人，都是时刻能见到自己的过错，而改正过错的人。我最近真切地意识到此改过之学有用力处，但被平时的积习感染，改过的勇气欠佳，所以殷切地为诸位弟弟说之。你们万不可如我一样，习气积重难返后，改过可就难了。

人正青春年少时，精神饱满充沛，生存还不是我们关心的问题，所以学习很容易。随着年纪的增长，精气神逐渐下降，特别是步入社会后，时常为生活而奔波劳累，学习就成了件比较难的事，但如果有志于学习，仍有可为。最要命的就是到了四十、五十岁，正如落山的太阳，光亮和温度渐失，无可挽回了。所以孔子说："人到了四十、五十岁如果还没有深切的志向，那这个人的人生基本上也就这样了。"孔子还说，"年纪一大，血气衰弱，就不要把得失放在心上了。"我最近发现很多人此病不轻，所以深切嘱咐诸位弟弟们。应及时互相勉励，千万不要等到有一天懊悔终生。

评析

此信提到了两个问题，一是改过，二是立志。这两个问题在之前的王阳明家训、家规中都谈到过，所以不再赘述。值得注意的是此信的最后部分，它是一个亮点，而对于大多数人来讲，它又是个痛点。

鼓励人们天天向上的圣贤们曾说过，只要肯立志而学，什么时候都不晚。

王阳明却说："会晚。"

人真正通过学习而光明良知的时间段就是少年时期，因为在这个时候，人的精气神都处于巅峰状态，我们有精力学习。尤为重要的是，我们不会为生计而发愁，所以能专心致志于学习，也就是有时间学习。

精力和时间，能让我们轻而易举地脱胎换骨。

一旦过了这个年纪，精气神下降，成家立业后，又受生计所困，所以，立志学习起来的难度就非常大了。

其实也就是说，不是每个人都能通过学习而光明良知，让命运最大程度呈现出来的。错过了立志学习光明良知的机会，你就永远错过了此生成圣成贤的机会。

这封信虽是王阳明写给弟弟们的，但何尝不可以看成是写给天下所有的家长们？

孩子们必须要抓住光阴，立志成为善人，为这个目标而不辞艰辛地奋斗。

本来这是孩子们的事，但王阳明认为，孩子良知正如璞玉，虽天生具有却未能展现光辉，责任就在家长身上，义不容辞。

决定成败一在天理，二在人心：《上海日翁书》

原文

寓吉安男王守仁百拜书上父亲大人膝下：

江省之变，昨遣来隆归报，大略想已如此。时宁王尚留省城，未敢远出，盖虑男之捣其虚，蹑其后也。男处所调兵亦稍稍聚集，忠义之风日以奋扬，观天道人事，此贼不久断成擒矣。昨彼遣人赍檄至，欲遂斩其使，奈赍檄人乃参政季斅，此人平日善士，又其势亦出于不得已，姑免其死，械击之。已发兵至丰城诸处分布，相机而动。

所虑京师遥远，一时题奏无由即达。命将出师，缓不及事，为可忧尔。男之欲归已非一日，急急图此已两年，今竟陷身于难。人臣之义至此，岂复容苟逃幸脱！惟俟命师之至，然后敢申前恳。俟事势稍定，然后敢决意驰归尔。伏望大人陪万保爱，诸弟必能勉尽孝养，旦暮切勿以不孝男为念。天苟悯男一念血诚，得全首领，归拜膝下，当必有日矣。

译文

在江西吉安,儿子王守仁恭敬行礼写信给父亲大人。

江西南昌朱宸濠造反的事,昨日已派遣来隆告知您,事情大略就是我在信中所说的。如今朱宸濠仍在南昌,未敢出城,我断定他担心离开老巢南昌后,我乘虚而入,在他背后突袭。儿子从各处所调兵马已陆续前来,忠义之风吹起,众人奋发、豪气冲天,观察天理人心,我坚信此贼不久必败。昨天,朱宸濠派人来招降我,我特别想宰了送信的人,但此人不是一般人,他叫季斆,平日为善积德很多,只是恐惧朱宸濠的淫威而不得已投贼,我暂时免了他的死罪,只打了他一顿板子。给您写这封信时,我已在丰城布置好战场,相机而动。

我所忧虑的是,这里离京城山遥水远,消息很难在短时间内送到。等消息送到,皇上再指派大将和兵马,这是远水不解近渴,很是焦虑。儿子要回家看望您和家人,已不是一天两天的念头,两年前来江西剿匪就已有此念,最近这一年始终在请假回家,谁想到回家不成,却陷入如此危急之境。身为臣子,必须临危赴死,绝不允许有退缩之念!我现在心中的想法就是,等候王师前来收拾了朱宸濠,尘埃落定后,我就决意飞奔回家。希望父亲您能保重,诸位弟弟必能尽心尽力侍奉您,不必以我为念。上苍若有眼,必怜悯我这忠孝之心,保存我的性命回家拜见您。

评析

倘若我们对这封信的背景不了解,就很容易被信中轻松的语调和浓浓的亲情迷惑。浓浓的亲情是真切的,但轻松的语调,恐怕就不是王阳明的真心了。

南昌城里的宁王朱宸濠造反时，据他号称有精锐部队二十万，王阳明写这封信时，朱宸濠的先遣兵团已拿下多处沿江军事重镇，逼近安庆。倘若安庆再失，大明帝国的南京就会成为朱宸濠的囊中之物。

比之于朱宸濠的二十万精锐，王阳明手中只有一些临时凑集的杂牌军，这是个绝望的对比，换作别人，老天再给他一百个豹子胆，他也不敢和朱宸濠作对。但王阳明偏就和朱宸濠作对了，并且还在给老爹的信中精神抖擞地说："观天道人事，此贼不久断成擒矣。"

天道就是天理，人事就是人心。王阳明主张心即理，所以天道人事只是一回事。这并非他的一厢情愿，按他洞彻天地的分析，朱宸濠迟迟不离开南昌，亲自去攻打安庆，就因为他心不安。他的心之所以不安，是因为他的良知早就告诉了他：你这是造反，是逆天理人心而行。当时的皇帝朱厚照虽然胡作非为，但南方的百姓还是过着太平日子，没人愿意被别人打破这种生活，所以朱宸濠挑起战争，用流行的话而言就是，不得民心。

王阳明清醒地意识到这点，在之后对付朱宸濠的手腕上，就是故弄玄虚、虚张声势、弄虚作假，让朱宸濠的心时刻得不到安宁，最终将他擒拿。

王阳明的弟子钱德洪在此信背后有一段话，可看作这封家书的一个眉批。

据钱德洪说，王阳明是奉旨去福建的路上得知朱宸濠谋反的，他立即违抗圣旨，原路返回，要和朱宸濠对决。当时，王阳明很怕朱宸濠来追击，想要换条船走，却又不舍得船中家眷。此时，王阳明的夫人手提宝剑对丈夫说："您速去，不必为我们担忧。如果真有追兵来，我手中有宝剑，自己能照顾自己！"

庆幸的是，王阳明夫人那把宝剑没用到，朱宸濠未派人来追。王阳明抵达吉安后，发兵之前，告诉留守人员："我家眷全在衙署，你们现在就将衙署用木柴围起，我此番前去，如果有噩报传来，你们就点火！"

王阳明的弟子邹谦之在军中闻听此话，也将家人迎到吉安，准备全家同赴国难。

王阳明的老爹王华得到朱宸濠造反的消息后，有人劝他躲避。他却说："我儿子正在战场和逆贼对抗，他老爹却在躲避，这成何体统？"于是和地方行政长官商议守城之策后，也决心与全家坚守故土。

钱德洪最后说："王家上下，包括弟子，忠义凛凛，让人万分敬仰！"

的确，忠义精神是王家的一面旗帜，这面旗帜是王家最虎虎生威、最提神的家训！

第三编 王阳明家规

儿童教育圣经：《训蒙大意示教读刘伯颂等》

原文

　　古之教者，教以人伦。后世记诵词章之习起，而先王之教亡。

　　今教童子，惟当以孝、弟、忠、信、礼、义、廉、耻为专务。

　　其栽培涵养之方，则宜诱之歌诗以发其志意，导之习礼以肃其威仪，讽之读书以开其知觉。今人往往以歌诗习礼为不切时务，此皆末俗庸鄙之见，乌足以知古人立教之意哉！

　　大抵童子之情，乐嬉游而惮拘检，如草木之始萌芽，舒畅之则条达，摧挠之则衰痿。今教童子，必使其趋向鼓舞，中心喜悦，则其进自不能已。譬之时雨春风，沾被卉木，莫不萌动发越，自然日长月化。若冰霜剥落，则生意萧索，日就枯槁矣。

故凡诱之歌诗者，非但发其志意而已，亦所以泄其跳号呼啸于咏歌，宣其幽抑结滞于音节也；导之习礼者，非但肃其威仪而已，亦所以周旋揖让而动荡其血脉，拜起屈伸而固束其筋骸也；讽之读书者，非但开其知觉而已，亦所以沉潜反复而存其心，抑扬讽诵以宣其志也。

凡此皆所以顺导其志意，调理其性情，潜消其鄙吝，默化其粗顽。日使之渐于礼义而不苦其难，入于中和而不知其故。是盖先王立教之微意也。

若近世之训蒙稚者，日惟督以句读课仿，责其检束而不知导之以礼，求其聪明而不知养之以善，鞭挞绳缚，若待拘囚。彼视学舍如囹圄而不肯入，视师长如寇仇而不欲见，窥避掩覆以遂其嬉游，设诈饰诡以肆其顽鄙，偷薄庸劣，日趋下流。是盖驱之于恶而求其为善也，何可得乎？

凡吾所以教，其意实在于此。恐时俗不察，视以为迂，且吾亦将去，故特叮咛以告。尔诸教读，其务体吾意，永以为训。毋辄因时俗之言，改废其绳墨，庶成"蒙以养正"之功矣。念之念之！

译文

古时教育的主要内容是"伦理道德"。不知何时，"记诵词章"的教育内容大为风行，因此取代了伦理道德，让古圣先贤所立下的教育真谛消失。

我认为，应该恢复古圣先贤所立下的教育内容，将"孝、悌、忠、信、礼、义、廉、耻"作为儿童的基本功课。

首先，要引导孩子们吟唱诗歌来激发他们的志趣；其次，引导他们学习礼仪，让他们的仪容趋于严肃；最后，劝导他们读书，以开启他们的灵性和智慧。遗憾的是，现在很多人认为让孩童吟唱诗歌、学习礼仪毫无用处。我说，这都是浅薄庸俗的见识，他们根本就不理解古人立教的本意！

大体来讲，儿童喜欢嬉戏玩耍而害怕受到束缚，就如草木刚露头发芽时，如果顺其自然，让它舒展畅快地生长，就能枝繁叶茂；但如果摧残它阻止它生长，必会枯萎。我们现在教育儿童，必须鼓舞他们的兴趣，使他们内心喜悦，那么他们自然就会进步，不会停止不前。正如及时的雨露、和煦的春风，滋润了花草树木，自然萌芽发育，自然能一天天地茁壮生长。如果总是遇到冰霜侵袭，那么它们就会萧条枯萎而死。

所以凡是通过歌诗来引导儿童的，不仅仅是为了发展他们的志趣而已，同时也是把他们那与生俱来的蹦跳呼喊的精力转移成为有节奏的朗诵诗歌活动，让他们在音律中宣泄心中的郁结和不快；用礼仪来引导儿童，不仅是为了整顿他们的仪容而已，同时也是通过揖让叩拜的动作来活动他们的血脉，在起跪屈伸中强健筋骨；教导他们读书，不仅仅是为了开启他们的智慧，增长他们的知识而已，同时也是通过深入钻研反复体会而锻炼他们的思想，在抑扬顿挫的朗诵中宣导他们的志向。

这一切都是顺应引导他们的思想志向，调理他们的性情，在无声无息中消除他们的鄙俗，不知不觉中改变他们的粗鲁愚顽。如此，使他们日渐接近礼而不感到厌烦，性情在春风化雨中达到中正平和。这就是古代圣贤设立教育的深意。

可现在的儿童教育呢，真让人心寒。儿童教育者每天只是用标点断句、课业练习督促他们，要求他们严格约束自己，却不知用礼仪来引导他们；只要求他们聪明，却不知用好的方法来培养他们；只知道鞭挞束缚他们，如同对待囚犯，却不知儿童最讨厌的就是被束缚。于是，儿童们把学校看作监狱而不愿去，把老师看作强盗和仇人而不愿见，用逃避、掩饰遮盖来达到他们嬉戏玩耍的目的，作假撒谎来放纵他们的顽劣鄙陋本性。于是，他们得过且过，庸俗鄙陋，日益堕落。这是驱使他们作恶却又要求他们向善，纵是神仙，恐怕也难做到这一点。

这就是我的教育理念！

评析

中国古代的儿童启蒙教育大都在家中完成，所以，《训蒙大意示教读刘伯颂等》虽非家信，其内容却洋溢着家训的味道。"训蒙大意"就是教育儿童的大致主张之意，"教读"刘伯颂是"教师"刘伯颂。这篇文字写于王阳明巡抚江西赣州时期，是一篇儿童教育圣经。

王阳明最先说的是，古时候教人的道理，"孝、悌、忠、信、礼、义、廉、耻"。可后来教人的方法就变味了，专门让人抱着几本古书，闭了眼睛胡念，书里所说的道理根本不去理睬。照这个样子，即使读了几百车书，倒背如流，能有什么用？还有一种教育方法是，专门教学生做文章，文章做得天花乱坠，却不能实实在在地做忠、孝、信、义的事，这难道是成功的教育吗！王阳明特别痛恨后世教育的方法，专重在熟读古书、做好文章去应考，混个功名富贵，把古圣先贤教人实行忠、孝、信、义的道理，却抛在脑后。

是可忍，孰不可忍！

接着，王阳明提出教人的根本主义：孝、悌、忠、信、礼、义、廉、耻。它们被称为人生八德，是中国古代德育的全部内容。一个人如果不具备这八德，或者是缺斤少两，那儒家就会指着你的鼻子说，你就不是个人！

孝，就是孝顺。孝顺父母，乃其他七种美德的基石。人为什么要孝顺？因为我们必须报答父母养育之恩。而王阳明所说的孝顺，前面已谈到，一是让父母安心；二是并非儿女单方面的孝顺，还有父母的慈，所谓"父慈子孝"，双方是有互动的。

悌，是悌敬。兄弟姊妹之间的，就是兄弟友爱，相互帮助、互相鼓励从善。在一个家庭中，悌的功能仅次于孝，它是联结同辈之间的黏合剂。

忠，是尽己，也就是尽自己全部心力来做一件事。在古代，它指的就是忠于皇帝。王阳明则认为，要忠于天下，其实就是忠于国家和民众。

信，是真诚不欺自己和他人。不能糊弄自己的良知，倘若你不糊弄自己的良知，自然就不会欺骗别人。要做一件事，就要恭敬而努力地去做，这做事的过程，就是个信的过程。

礼，是外在的礼仪。中国古代，礼仪纷繁复杂，如果你有兴趣打开《礼记》，会发现不胜枚举的礼仪向你招手。婚、丧、祭、朝、聘，每种礼仪都够你学上一年的。很多生性洒脱、不拘小节的古人把这些看成是繁文缛节，但它的确有重要的意义。通过行礼仪，人首先从外在树起一种敬畏之情，惯性使然下，它会深入你内心，塑造你成为彬彬君子。王阳明认为，心外无礼，所以他的主张就是，礼必须要有，但不必过于复杂。只要能深入你心，行之无妨；不深入你心，弃之也无妨。只要记住：一切礼都是为我们光明良知服务的。

义，很多人认为是义气，王阳明则认为是"适宜"。什么事该做，什么事不该做，在做和不该做之间有个点，这个点就是义。对朋友要义，无非要你对朋友做适宜的事。所以，不适宜的江湖义气，是万万要不得的。

廉，是廉洁。依良知之道去追求利而不贪利，就是廉。

耻，是羞耻。凡是不合天理的事，就是不符合良知，绝对不能去做，做了就会感到羞耻。人正因为有"耻"，所以才会远离人欲，追求天理，才能成为一个好人。

王阳明认为，人生八德中的关键点不是基石"孝"，也不是尽心尽力的"忠"，而是"义"。他在《传习录》中说过，良知就是"义"，或称为"宜"，就是适宜。只要你做事适宜，不偏不倚，八德中的其他七德都是水到渠成之事。

适宜地孝顺父母，孝顺父母就轻而易举；适宜地尽心尽力忠诚于某人和某事，忠诚于某人和某事就自然而然。

所有的玄机都在"义"上，良知判断出的适宜与不适宜而已。

那么，如何让孩子学习并懂得人生八德呢？或者说，如何把人生八德教授给孩子们呢？

每天拿着人生八德的内容向孩子们灌输吗？

王阳明不认为这是好办法。他认为，人生八德的内容与生俱来，原本就在孩子心中，我们只须通过一些看似无关紧要的方法，将其呼唤出来即可。

为此，王阳明提出三种：读书、歌诗、习礼。用现在的话来讲就是文化课、音乐课、体育课。

中国人，尤其是古人，最重视文化课，文化课里最重视德育，音乐课也讲，但很少讲体育课。

在王阳明看来，读书、歌诗、习礼不是看上去那么简单，背后有大深意。

读书，不仅仅是为了开启他们的智慧，增长他们的知识，同时也是通过深入钻研反复体会而锻炼他们的思想，在抑扬顿挫的朗诵中宣导他们的志向。

歌诗，不仅仅是为了发展他们的志趣，同时也是把他们那与生俱来的蹦跳呼喊的精力转移成为有节奏的朗诵诗歌的活动，让他们在音律中宣泄心中的郁结和不快。

礼仪，不仅是为了整顿他们的仪容，同时也是通过揖让叩拜的动作来活动他们的血脉，在起跪屈伸中强健筋骨。

这就是教育的真谛！

以上三种方法实际上是王阳明从儿童的性情出发的，小孩子性情活泼，像初生的草木一样，不能压制他。现代教育心理学也认为，教育儿童，要顺着他的性情才好，设种种方法，引起他的欢悦心，使他乐于受教。然后施以合宜的教育，才能够开发他固有的智能和品德，这智能和品德就是王阳明所说的良知。

顺着儿童本原的性情意志，渐渐培养他的长处，警惕他的短处。王阳明并非要雷厉风行地把儿童的短处瞬间铲除，而是希望能潜移默化。大禹治水，是顺着水性，他老爹治水却是逆着水性，二者相比，高下立判。

《训蒙大意示教读刘伯颂等》是王阳明以良知为指引，写就的一篇儿童教育圣经，值得古往今来的家长们反复阅读，铭记于心，知行合一，付诸实践。

扩而大之的王阳明家规：《南赣乡约》

原文

　　咨尔民，昔人有言："蓬生麻中，不扶而直；白沙在泥，不染而黑。"民俗之善恶，岂不由于积习使然哉！

　　往者，新民盖常弃其宗族，畔其乡里，四出而为暴，岂独其性之异，其人之罪哉？亦由我有司治之无道，教之无方；尔父老子弟所以训戒饬于家庭者不早，熏陶渐染于里门者无素，诱掖奖劝之不行，连属叶和之无具，又或愤怒相激，狡伪相戏，故遂使之靡然日流于恶。则我有司与尔父老子弟，皆宜分受其责。

　　呜呼！往者不可及，来者犹可追，故今特为乡约，以协和尔民。

　　自今凡尔同约之民，皆宜孝尔父母、敬尔兄长、教训尔子孙、和顺尔邻里，死伤相助、患难相恤、善相劝勉、恶相告戒、息讼罢争、讲信修睦，务为良善之民，共成仁厚之俗。

呜呼！人虽至愚，责人则明；虽有聪明，责己则昏。尔等父老子弟，毋念新民之旧恶而不与其善，彼一念而善即善人矣；毋自持为良民，而不修其身，尔一念而恶即恶人矣。人之善恶系于一念之间，尔等慎思吾言，毋忽。

一、同约中推年高有德为众所敬服者一人为约长，二人为约副，又推公直果断者四人为约正，通达明察者四人为约史，精健廉干者四人为知约，礼仪习熟者二人为约赞。置文簿三扇：其一扇备写同约姓名，及日逐出入所为，知约司之；其二扇一书彰善，一书纠过，约长司之。

二、同约之人每一会，人出银三分，送知约，具饮食，毋大奢，取免饥渴而已。

三、会期以月之望，若有疾病事故不及赴者，许先期遣人告知约；无故不赴者，以过恶书，仍罚银一两公用。

四、立约所于道里均平之处，择寺观宽大者为之。

五、彰善者，其辞显而决；纠过者，其辞隐而婉，亦忠厚之道也。如有人不弟，毋直曰不弟，但云闻某于事兄敬长之礼，颇有未尽；某未敢以为信，姑案之以俟；凡纠过恶皆例此。若有难改之恶，且勿纠，使无所容，或激而遂肆其恶矣。约长副等，须先期阴与之言，使当自首，众共诱掖奖劝之，以兴其善念，姑使书之，使其可改；若不能改，然后纠而书之；又不能改，然后白之官；又不能改，同约之人执送之官，明正其罪；势不能执，戮力协谋官府请兵灭之。

六、通约之人，凡有危疑难处之事，皆须约长会同约之人与之裁处区画，必当于理济于事而后已；不得坐视推托，陷入于恶。罪坐约长约正诸人。

七、寄庄人户，多于纳粮当差之时躲回原籍，往往负累同甲。今后约长等劝令及期完纳应承，如蹈前弊，告官惩治，削去寄庄。

八、本地大户，异境客商，放债收息，合依常例，毋得磊算；或有贫难不能偿者，亦宜以理量宽。有等不仁之徒，辄便捉锁磊取，挟写田地，致令穷民无告，去而为之盗。今后有此告，诸约长等与之明白，偿不及数者，劝令宽舍；取已过数者，力与追还；如或恃强不听，率同约之人鸣之官司。

九、亲族乡邻，往往有因小忿投贼复仇，残害良善，酿成大患。今后一应斗殴不平之事，鸣之约长等公论是非。或约长闻之，即与晓谕解释；敢有仍前妄为者，率诸同约呈官诛殄。

十、军民人等若有阳为良善、阴通贼情、贩买牛马、走传消息、归利一己、殃及万民者，约长等率同约诸人指实劝戒，不悛，呈官究治。

十一、吏书、义民、总甲、里老、百长、弓兵、机快人等若揽差下乡，索求赍发者，约长率同呈官追究。

十二、各寨居民，昔被新民之害，诚不忍言；但今既许其自新，所占田产，已令退还，毋得再怀前仇，致扰地方。约长等常宜晓谕，令各守本分，有不听者，呈官治罪。

十三、授招新民，因尔一念之善，贷尔之罪。当痛自克责，改过自新，勤耕勤织，平买平卖，思同良民，无以前日名目，甘心下流，自取灭绝。约长等各宜时时提撕晓谕，如蹈前非者，呈官征治。

十四、男女长成，各宜及时嫁娶。往往女家责聘礼不充，男家责嫁妆不丰，遂致愆期。约长等其各省谕诸人，自今其称家之有无，随时婚嫁。

十五、父母丧葬，衣衾棺椁，但尽诚孝，称家有无而行。此外或大作佛事，或盛设宴乐，倾家费财，俱于死者无益。约长等其各省谕约内之人，一遵礼制，有仍蹈前非者，即与纠恶簿内书以不孝。

十六、当会前一日，知约预于约所洒扫张具于堂，设告谕牌及香案南向。当会日，同约毕至，约赞鸣鼓三，众皆诣香案前序立，北面跪听约正读告谕。毕，约长合众扬言曰："自今以后，凡我同约之人，祗奉戒谕，齐心合德，同归于善；若有二三其心，阳善阴恶者，神明诛殛。"众皆曰："若有二三其心，阳善阴恶者，神明诛殛。"皆再拜，兴，以次出会所，分东西立，约正读乡约毕，大声曰："凡我同盟，务遵乡约。"众皆曰："是。"乃东西交拜，兴，各以次就位，少者各酌酒于长者三行。知约起，设彰善位于堂上，南向置笔砚，陈彰善簿；约赞鸣鼓三，众皆起，约赞唱："请举善！"众曰："是在约史。"约史出就彰善位，扬言曰："某有某善，某能改某过，请书之，以为同约劝。"约正遍质于众曰："如何？"众曰："约史举甚当！"约正乃揖善者进彰善位，东西立，约史复谓众曰："某所举止是，请各举所知！"众有所知即举，无则曰："约史所举是矣！"约长副正皆出就彰善位。约史书簿毕，约长举杯扬言曰："某能为某善，某能改某过，是能修其身也；某能使某族人为某善，改某过，是能齐其家也；使人人若此，风俗焉有不厚？凡我同约，当取以为法！"遂属于其善者。善者亦酌酒酬约长曰："此岂足为善，乃劳长者过奖，某诚惶怍，敢不益加砥砺，期无负长者之教。"皆饮毕，再拜会约长，约长答拜，兴，各就位，知约撤彰善之席，酒复三行，知约起，设纠过位于阶下，北向置笔砚，陈纠过簿。约赞鸣鼓三，众皆起，约赞唱："请纠过！"众曰："是在约史。"约史就纠过位，扬言曰："闻某有某过，未敢以为然，姑书之，以俟后图，如何？"约正遍质于众曰："如何？"众皆曰："约史必有见。"约正乃揖过者出就纠过位，北向立。约史复遍谓众曰："某所闻止是，请各言所闻！"众有闻即言，无则曰："约史所闻是矣！"于是约长副正皆出纠过位，东西立。约史书簿毕，约长谓过者曰："虽然姑无行罚，惟速改！"过者跪请曰："某敢不服罪！"自起酌酒跪而饮曰："敢不速改，重为长者忧！"约正、副、史皆曰："某等不能早劝谕，使子陷于此，亦安得无罪！"皆酌自罚。过者复跪而请曰："某既知罪，长者又自以为罚，某敢不即就戮，若许其得以自改，则请长者无饮，某之幸也！"趋后酌酒自罚。约正副咸曰："子能勇于受责如此，是能迁于善也，某等亦可免于罪矣！"乃释爵。过者再拜，约长揖之，兴，各就位，知约撤纠过席，酒复二行，遂饭。饭毕，约赞起，鸣鼓三，唱："申戒！"众起，约正中堂立，扬言曰："呜呼！凡我同约之人，明听申戒，人孰无善，亦孰无恶。为善虽人不知，积之既久，自然善积而不可掩；为恶若不知改，积之既久，必至恶积而不可赦。今有善而为人所彰，固可喜；苟遂以为善而自恃，将日入于恶矣！有恶而为人所纠，固可愧；苟能悔其恶而自改，将日进于善矣！然则今日之善者，未可自恃以为善；而今日之恶者，亦岂遂终于恶哉？凡我同约之人，盍共勉之！"众重曰："敢不勉。"乃出席，以次东西序立，交拜，兴，遂退。

译文

诸位，咱们来谈谈心，荀子说过："蓬草生在剑麻中，不必刻意扶它，它就会生长得笔直；白沙扔进泥里，不必刻意沾染它，它就会变得很黑。"民俗的"善恶"，和环境的关系很大！

从前，有些人不守宗族规矩、祸害乡亲，到处惹是生非，轻者为流氓，重者就为盗匪，这并非他天生如此，罪过也不能全算到他头上。政府有更大的责任，治之无道，教之无方；另外就是家教，这些人的家长和父母官不能及时地进行教育和管束，没有有效地对其引导扶持，奖励劝勉，甚至是他们本人也没有做到与他人的持续和睦，孩子们耳濡目染，自然就形成了极不良的生活态度和作风，当遇到事时，就会学着家人的样子愤怒以待，虚伪狡猾以应，于是，逐渐进入恶的境地，却浑然不知。在这点上，我等父母官和父老子弟都有责任啊。

唉，过去的事就让它过去吧，我们要把握当下，所以今日我立下这份乡约，希望你们能依此乡约打造和谐社会。

从今天起，你等都要孝顺父母、恭敬兄长、教训子孙、睦邻友好、守望相助、互相劝勉、共同行善、摒弃恶念与恶行、少打官司、诚信待人、和睦相处，一定要宅心仁厚，做个良善之民。

唉！纵然是最愚笨的人，教训起别人来也特别聪明；纵然是极顶聪明的人，反省起自己来也是愚笨异常。诸位父老乡亲，不要对那些有恶行的人置之不理，他们只要现在有一善念，就是善人了；你们也不要自以为是良民，就放肆起来，要知道，有一恶念就是恶人了。人是善是恶，只在一念之间，你们用心考虑下我的话，一定要加以重视！

第一，参加《乡约》的人应推举一德高望重的人为约长，再推举两人为副约长，然后由三位约长主持推举公正果断的四人为约正，通达明察的四人为约史，廉洁干练的四人为知约，熟悉礼仪的二人为约赞。文件分为三份，一份是《乡约》花名册，由知约负责；一份是好人好事录，另一份则是坏人坏事录，由约长负责。

第二，参加《乡约》的人每次开会，每人赞助费三分银，知约用此赞助费购买饮食，这只是为了开会时大家免于饥渴，不必大摆筵席，况且，三分银也不够啊。

第三，《乡约》会议定在每月的阴历十五，那天如果有人生病而无法到场，应事先请假；无故缺席者要列入坏人坏事录，再罚款白银一两，以作公用。

第四，《乡约》的办公室要设在交通方便之地，最好是村镇中心，众人来往路途大致相近，办公室尽量宽敞明亮。

第五，好人好事录的文字，要明目张胆、大肆渲染；坏人坏事录的文字要隐晦而委婉，这就是做人要厚道，做事要忠厚。我举例说吧，比如有人对兄弟姐妹不悌，不要写他"不悌"，要这样写：听说某某对待兄弟姐妹不太好；因为只是听说，没有确凿证据，所以先放在这里，以待查证。有些人的恶很难改，不要直截了当地去纠正他，你触发了他的恶性，他恼羞成怒，会更在恶上变本加厉。遇到这种人，先由副约长出面和他谈心，谈锋要委婉曲折，让他自己发动良知，知道错误，观察他的表现，如果感觉他认识到了错误，虽然口不承认，也要把他记录到好人好事录中；如果发现他仍不知悔改，那就把他记录到坏人坏事录；再不改，就要把他的简历和恶行传递到政府那里备案；倘若这小子是王八吃秤砣，铁了心不改，那就要把他本人送去官府了。如果已经成了气候，没法抓捕，就要与官府共同谋划请兵剿灭他了。

第六，凡是遵守《乡约》之人，如果遇到难处，约长要和众人为他排忧解难，必须要解决他的问题；不能坐视不理，让他在困难时陷入恶的念头，而做出恶行来。如果有这样的人，约长等领导人是难辞其咎的。

第七，很多寄庄人（地主在本籍以外置备土地，设庄收租）常在政府征收粮役和差役时躲回原籍，往往给政府造成损失。今后，约长要劝这些人纳税完毕再回原籍，如果他们还旧习难改，那就告官惩治，把他们的土地收归。

第八，本地大户和外地客商放高利贷收利息的，应按常例，不得算复利；确实没有偿还能力的，应让债主放宽还款期限。如果有人还要强行收款，让百姓生不如死，而去为盗贼，那就该和官府合作，将这种人绳之以法。

第九，乡里乡亲之间有时会因一点小事而起纠纷，甚至弄出人命，酿成大祸。今后凡是和他人有矛盾，在起冲突之前，必须请约长公论是非。如果不经约长就擅自好勇斗狠，约长有权力率领众人将其押送官府。

第十，如果有人私通盗匪、贩买牛马、向盗匪通风报信而获取利益、殃及他人，那约长有权力对其进行教诲，教而不改者，扭送官府。

第十一，凡是政府人员下基层，有徇私舞弊、以公谋私者，约长有权力将其扭送官府。

第十二，《乡约》之前，有些人仗势欺人，霸占他人田产，如今已退还的，众人不可再怀前仇。如果这种人还屡教不改，仍如从前，约长有权力将其扭送官府。

第十三，改过自新的盗贼，能改过自新就是一善念，但这并不代表你从前的罪过就一笔勾销了，你应该痛下苦功，克己自责，加大改过自新的力度，用心尽力工作，万不可以为自己从前做过盗贼，就破罐子破摔。约长等人要常常找这种人谈心，如果发现他仍有重走老路的念头，即刻报官。

第十四，无论男女，到了成婚年龄，就该成婚。不要为了嫁妆和聘礼纠缠不清。约长等人应晓谕已到成婚年龄的男女，无论家境如何，都该马上成婚。

第十五，关于丧事，应量力而行，不要倾尽家财，大摆筵席，大作佛事，这些表面文章与死者有何益处？约长等人要晓谕众人，只须遵守基本丧葬礼法即可。如果有人还把丧事大操大办，就把他写进坏人坏事录中，批注为"不孝"。

第十六，《乡约》会前一日，知约应先布置会议室"约所"，把告谕牌和香案面南背北。会议那天，参与《乡约》所有人到齐后，约赞敲鼓三下，众人都有序站于香案前，面北背南跪听约正读告谕。约正读告谕完毕，约长和众人高声道："自今以后，凡我同约之人，祗奉戒谕，齐心合德，同归于善；若有二三其心，阳善阴恶者，神明诛殛。"众人要异口同声说："若有二三其心，阳善阴恶者，神明诛殛。"然后大家再拜，按顺序出会所，东西站立。约正读完《乡约》，大声道："凡我同盟，务遵乡约。"众人都要说："是。"东西站立的人互拜后，按次序就位，年轻人给年老者倒酒。知约此时拿出好人好事录，南向置笔砚；约赞敲鼓三下，众人皆站起，约赞唱："请举善！"众人说："是在约史。"约史这时就走到好人好事录面前，高喊道:"某有某善,某能改某过,请书之,以为同约劝。"约正要询问众人:"如何?"众人皆道:"约史做得对!"约正此时就请出好人好事录的主人公们,向他们行礼,请他们站到早准备后的"彰善位",这些雷锋们也是东西面立。约史再向众人道:"我只知道这几个人,你们可以再举出几件好人好事!"众人如果有知道好人好事的就举出,如果没有,则说:"约史所举是矣!"此时,约长们都站到彰善位。约史书写完毕,约长举杯道:"某能为某善,某能改某过,是能修其身也;某能使某族人为某善,改某过,是能齐其家也;使人人若此,风俗焉有不厚?凡我同约,当取以为法!"遂注目好人。做了好事的好人也倒酒感谢约长:"此岂足为善,乃劳长者过奖,某诚惶怍,敢不益加砥砺,永无负长者之教。"双方喝完,做了好事的好人再拜约长,约长答拜,然后各就各位。知约把彰善之席撤了,大家喝酒,三巡过后,知约站起,设置"纠过位"在阶下,北向置笔砚,拿出"纠过簿"。约赞敲鼓三下,众人都站起,约赞喊:"请纠过!"众人皆道:"请约史。"约史走到纠过位,高声道:"闻某有某过,未敢以为然,姑书之,以俟后图,如何?"约正询问于众人:"如何?"众人皆曰:"约史所言极是。"约正乃把做了坏事的坏人请到纠过位,面北而立。约史再次说:"某所闻止是,请各言所闻!"众人有知道的就说所闻,不知道的就说:"约史所言甚是!"于是,约长们都走进纠过位,东西而立。约史写完,约长对坏人说:"虽然姑无行罚,惟速改!"坏人跪下道:"某敢不服罪!"自起,倒酒跪饮道:"敢不速改,重为长者忧!"约长都说:"某等不能早劝谕,使子陷于此,亦安得无罪!"然后倒酒自罚。坏人再跪下说:"某既知罪,长者又自以为罚,某敢不即就戮,若许其得以自改,则请长者无饮,某之幸也!"然后倒酒自罚。约长们说:"你能勇于受责如此,是能迁于善也,某等亦可免于罪矣！"于是，坏人再拜，约长拉他起来，大家各就各位。知约把纠过席撤掉，酒过二巡，开饭。吃完饭，约赞起，鸣鼓三下，拉长嗓音道："申戒！"众人都起，约正站在中央，高声道："呜呼！凡我同约之人，明听申戒，人孰无善，亦孰无恶。为善虽人不知，积之既久，自然善积而不可掩；为恶若不知改，积之既久，必至恶积而不可赦。今有善而为人所彰，固可喜；苟遂以为善而自恃，将日入于恶矣！有恶而为人所纠，固可愧；苟能悔其恶而自改，将日进于善矣！然则今日之善者，未可自恃以为善；而今日之恶者，亦岂遂终于恶哉？凡我同约之人，盍共勉之！"众重曰："绝不敢懈怠。"于是出席，按顺序东西立，互拜，最后就散了。会议结束。

评析

表面看，《南赣乡约》并不是王阳明家训，它类似于今天的乡镇自治条例，但它所蕴含的精神和实施方式是每一家乃至每一家族都需要的。换种说法，《南赣乡约》是广义上的家训，因为王阳明向来是把齐家和治国合二为一的。治一乡镇和齐一家族，没有本质不同。

首先，我们该了解的是《南赣乡约》的背景。南是江西南安，赣是江西赣州。1517年，王阳明到南赣剿匪。第一次见到血肉横飞的战场时，王阳明心底就是悲凉的。随着战场的不断扩展和敌我双方的死伤，王阳明曾不无忧闷地向弟子倾诉说："朝廷使我日以杀人为事，心岂割忍，但事势至此。譬之既病之人，且须治其外邪，方可扶回元气，病后施药，犹胜立视其死故耳。可惜平生精神，俱用在此等没紧要事上去了。"

王阳明打仗出神入化，功勋卓著，但很少和弟子们讲如何打仗。

有弟子问他："用兵有术否？"他只是说："哪里有什么术？只是学养纯厚。"把军事能力悄无声息地转移到学问上，这是他的慈悲，也是他的无奈。

正是在这种心理下，王阳明每削平一地的匪患，马上着手的工作就是以文治恢复平和，让曾经流离失所的百姓返回家乡，再续前缘。

《南赣乡约》就是他在削平南、赣匪患后致良知的产物。

《南赣乡约》开宗明义：环境可影响人，当初那些为匪为盗的人都是有良知的，只不过受坏环境的影响，良知被遮蔽，所以才干出坏事来。

猛一看，这个观点和王阳明心学有冲突，既然吾性自足，不假外求，心外无物，人本身就是个光明体，怎么会受外界影响呢？

人在幼年时，良知虽有，但如璞玉，未彻底光明。在这一阶段，对是非善恶的分辨，没有成人那么纯粹和干脆。于是，他们很容易被外界环境影响。王阳明"心外无物"的主张，直白而言就是，我的心能通过良知认可的就成了我心内的一部分，而不在心外。孩童很容易会被外界的环境吸引，而将其纳入心中来，这也是心外无物。

所以，"心外无物"在很大程度上是一种理想境界，它只是要你心内不可有太多杂乱的东西。家长在这方面要尽力让孩子远离不良环境，万不可让不良环境成为孩子心中的一部分。

让孩子远离不良环境的经典案例就是孟子的老娘三次搬家，儒家津津乐道为"孟母三迁"。

这个故事是这样的。孟子老爹早逝，孟子和母亲相依为命。最开始，他们住在公墓边。每天都有人来埋葬尸体，举行葬礼。于是孟子就和邻居小孩学着大人跪拜、哭号的样子，玩起了办理丧事的游戏。孟妈妈看到，就皱起眉头说："不行！我不能让我的孩子住在这里！"

于是，孟妈妈带着孟子搬到了市集，住在了屠宰场附近。没多久，孟妈妈发现孟子又和邻居小孩学起了商人做生意和屠宰猪羊的事。孟妈妈又把眉头皱起来："这个地方更不适合我的孩子居住！"

如你所知，母子二人又搬家了。

这一次，他们搬到了一所学校附近。每月夏历初一，官员到文庙，行礼跪拜，互相礼貌相待，孟子见了后就开始学习并记在心里。孟妈妈眉开眼笑点头道："这才是我儿子应该住的地方呀！"于是长住下来。

"孟母三迁"的故事提醒做家长的：环境能改变人，应该让孩子接近好的人、事、物，才能成为一个好人。

——这个故事有个缺陷，孟母只有两迁。也就是第二迁、第三迁。第一迁在哪里？就是从某地迁到公墓旁。为何要迁到公墓旁？因为孟子死了老爹，他要在此地守孝。由此可知，儒家用这个故事隐晦地告诉我们，为了孩子的良好环境，给老爹守孝的事也可抛弃。

回到王阳明扩而大之的《南赣乡约》上来。王阳明对那些做匪的改邪归正很欣慰，不过他补充说，放下屠刀绝不能立地成佛，一念为善就是善人，一念为恶就是恶人，必须要时刻注意自己的念头。无论曾经你是好人或坏人，只要你一个念头是善，就是善人，一个念头是恶，你就又成了坏人。

接着又回到环境影响人上来：作为父母官和家长，对曾经为恶的人的罪行，也要有担当，应该检讨。

不过这一切都过去了，我们不能计较从前，也不要胡思乱想未来，只专注于当下。我们当下要做的事就是创建一个良好的社会环境，而要创建这种环境，必须是所有人的共同努力，把你所生活和工作的地方当成一个大家庭。这个大家庭的目标就是，培养好人和养成淳朴的乡风民俗。

"今凡尔同约之民，皆宜孝尔父母，敬尔兄长，教训尔子孙，和顺尔乡里。"这何尝不是推而广之的家训？所以《南赣乡约》的十六条，就是一份扩而大的家规！

《南赣乡约》负责的事项很多，大致有以下四方面。

第一，约中人要互相帮助。如果约长、约正等人没有做到这一点，那他们将要受到警告，严重的情况下要受责罚。至于什么责罚，王阳明并没有直说，大概是免去职务，或交政府处理。

第二，协助政府完成纳粮的任务。对那些改过自新的盗贼进行思想教育，以及劝诫同约之人维护地方的稳定。凡是乡约解决不了的问题，必须要把它交给政府。也就是说，先礼后兵，非要把问题解决了不可。

第三，处理同约事宜。经济上，保护那些借了太多高利贷而无能力偿还的人；婚姻上，男大当婚女大当嫁，不能计较经济利益；丧事上，只要能尽了儒家所谓的丧礼之节就可以，没必要铺张浪费；人际关系上，不允许私斗，有了矛盾必须报告约长，严重时，可以报官。

第四，保护同约人的利益，如果有上级官员来这里贪污腐化，约长要报官，大家一起打击腐败，维护权益。

"乡约"在古代中国并不鲜见，王阳明的《南赣乡约》之前，已有无数乡约，最著名的就是《吕氏乡约》。但《南赣乡约》和其他乡约有个很大的不同，它的组织核心是强迫性的规则，覆盖全乡村，政府要求人们必须加入。其他乡约是百姓自治的乡村组织，《南赣乡约》却成了官办自治，一个准官方机构。约长等领导人的权力和责任都非常大，要管理的事几乎无所不包，换个角度看，它就是一个政府的基层组织。

最值得一提的就是，乡约中所设置的好人好事录、坏人坏事录以及运行的机制，它真是发自良知，对人有极大的尊重。任何时代，任何家庭，都应该有这样一份"功过录"，它会让你的进步能看得见摸得着，由此激发鼓励你向善的道路大踏步前行。

《南赣乡约》的颁布与实施，效果卓著。仅一年后，南赣地区的风俗焕然一新，百姓无重赋，家家有田产，城郭乡村，一派天堂气象。

王阳明先生和南赣的缘分深沉如海，1529年1月，他从广西剿匪路过南赣，病逝于船中。南安政府的周积问他有何遗言，王阳明看向船外，波光粼粼，于是他说："此心光明，亦复何言？"

他的遗体路过南赣时，百姓勇挡官船拦路哭吊。这是他的人格魅力，也有一部分原因就是《南赣乡约》。

一个乡村乃至一个城镇，用《南赣乡约》能化腐朽为神奇，小而言之，一个宗族或一个家族用此乡约，其效果如何，不言自明。

《南赣乡约》是王阳明家训、家规的扩而广之，直至今日，依然散发出教化力量的光辉。

儿童学习的法则：《教约》

原文

　　每日清晨，诸生参揖毕，教读以次偏询诸生：在家所以爱亲敬畏之心，得无懈忽未能真切否？温凊定省之仪，得无亏缺未能实践否？往来街衢步趋礼节，得无放荡未能谨饬否？一应言行心术，得无欺妄非僻未能忠信笃敬否？诸童子务要各以实对，有则改之，无则加勉。教读复随时就事，曲加诲谕开发，然后各退就席肄业。

　　凡歌诗须要整容定气，清朗其声音，均审其节调，毋躁而急，毋荡而嚣，毋馁而慑。久则精神宣畅，心气和平矣。

　　每学量童生多寡分为四班。每日轮一班歌诗，其余皆就席敛容肃听。每五日则总四班递歌于本学。每朔望集各学会歌于书院。

　　凡习礼需要澄心肃虑，审其仪节，度其容止。毋忽而惰，毋沮而怍，毋径而野。从容而不失之迂缓，修谨而不矢之拘局。久则礼貌习熟，德性坚定矣。

　　童生班次皆如歌诗。每闲一日则轮一班习礼，其余皆就席敛容肃观。习礼之日，免其课仿。每十日则总四班递习于本学。每朔望则集各学会习于书院。

　　凡授书不在徒多，但贵精熟。量其资禀，能二百字者止可授以一百字，常使精神力量有余，则无厌苦之患，而有自得之美。

　　讽诵之际，务令专心一志，口诵心惟，字字句句紬绎反复，抑扬其音节，宽虚其心意，久则义礼浃洽，聪明日开矣。

　　每日工夫，先考德，次背书诵书，次习礼或作课仿，次复诵书讲书，次歌诗。

　　凡习礼歌诗之数，皆所以常存童子之心，使其乐习不倦，而无瑕及于邪僻。

　　教者如此，则知所施矣。虽然，此其大略也，"神而明之，则存乎其人"。

译文

　　每天早上，学生们参拜夫子画像和教师后，教师要依次询问所有学生四个问题。这四个问题是：1.在家孝敬父母，有没有疏忽而导致的不适宜之处？2.早晚侍奉父母与请安，是否有未尽的礼仪？3.来学校的路上有没有轻狂而有悖礼仪的行为；4.昨天一天，是否做到言行一致，不撒谎不骗人？教师应郑重告诫学生，这四个问题必须老实回答。如果有学生出现了过失，就要立即改正；如果没有，那就应表扬。老师须对每个学生的疑点进行教导，然后让他们回到自己的座位上开始上课。

诵读诗歌时，学生应注重自己的仪表，清清喉咙，仔细推敲诗歌的韵调，不可急躁，不能随意，不要胆怯。诵读诗歌多了，就会让人精神舒畅，心气平和。

教师要把所有学生平均分为四个班。每天指定一个班诵读诗歌，此班诵读诗歌时，其他三班要严肃认真听。每隔五天，教师应组织一次全校诵读诗歌大会。每半个月组织一次全学区诵读诗歌大会。

学习礼仪时，教师应指导学生抛弃杂念，观察学生们的动作，揣摩他们的表情。要教导学生做到不能偷懒，不必怯场，不可粗野。要从容，但不能迟钝；要严谨又不可呆板。学习时间一长，学生们就会变得文质彬彬，品性高雅。

礼仪班分班和诵读诗歌班一样，每五天后就抽出一天让一个班演习礼仪，其他的班观看。学习礼仪这天，其他作业就不必做了。每十天组织一次全校礼仪表演，每半个月组织一次全学区礼仪表演。

给学生讲授知识不宜太多，但一定要保证教会，这就是在精不在多。应该重点考虑每个学生的资质，能学两百字的，只教一百字，能学一百字的，只教五十字，要经常让学生学有余力，这样他们才不会厌倦学习，渐渐会享受学习。

上课时，要告诉学生们专心致志、一心一意学习，嘴里念诵的同时应在心里思考，反复理解每一字每一句；朗诵诗歌时，要让他们的声音抑扬顿挫起来，让学生放轻松。如此，时间一久，学生就会慢慢变得越来越聪明，越来越懂事。

每天放学之前，教师应先考查学生的德行，其次才是背诵课文，然后是考较礼仪和课业，接着是解释课文，最后考查朗诵诗歌。

但凡学习诗歌礼仪之类的知识，必须要让学生保持一颗童心，让学生喜欢学习而不感到劳累厌烦，如此一来，学生就没时间和兴趣沾染歪门邪道了。

教师如果符合上面的条件，就算是真正的教师了。天下事都是这样，虽然说得很简单，然而真正理解做到这些很难，不过，天下还是有这样的人的！

评析

人在幼年时，最初的意识就如江水源泉，活泼而无拘无束，只要一点点力量就能改变它的流向。所以，对孩童的教育，必须谨慎。健康的精神，或者说良知的光明是一个孩童必须具有的。

这份《教约》虽是写给老师的，但在很大程度上，它更适合家长。站在人性立场看，教师即使把良知光明得完完全全，也绝不会把别人的孩子当作自己的来培养。这也是王阳明所谓的"仁"心也是有厚薄的，人们倾向于先己后人，先亲后疏。

询问学生的四个问题，前两个问题（在家孝敬父母，有没有疏忽而导致的不适宜之处；早晚侍奉父母与请安，是否有未尽的礼仪）是关于孝的，这也正说明《教约》的意之所在是家训。第三个问题（来学校的路上有没有轻狂而有悖礼仪的行为）是关于礼和义（适宜、合适）的。第四个问题（昨天的一天，是否做到言行一致，不撒谎不骗人）是关于信的。

一大早上，春光明媚，学生们精气神旺盛，最先做的事就是对"孝、礼、义、信"的反省，这非常符合王阳明家训的真谛。

值得注意的是，孝、礼、义、信的反省，不在学校，而在家庭。

确切地说，孩子这四门品德的修行，家长责无旁贷。

现代教育认为，父母是孩子的第一任老师，老师自己的举动千万不可违反自己的训导，否则孩子不可能相信你。老师如果缺乏自我管理的能力，却教育孩子反躬自省就是白费力气。做父母的如果不孝顺自己的父母，怎能指望孩子来孝顺你？**你的一言一行，都是孩子学习的模板，模板的好坏决定了孩子的好坏**。所以，做家长，怎能不谨慎？

这四个问题结束后，王阳明又谈了两个主题，一是诗歌诵读，二是礼仪学习。

王阳明非常重视儿童的诗歌诵读，这既是一种学习的高明捷径，也是一种情怀。人类对知识的记忆，浏览次于默读，默读次于朗读。把要学的东西大声读出来，其记忆的成本会大大降低。诗歌是我们中华民族的瑰宝，词量丰富，意境幽远，最适合培养人的心境。在朗诵诗歌的过程中，畅想中华民族的伟大过往，心境不由地清明起来，爱国、爱民族的情怀顿生。

不同年龄段的孩童朗诵的诗歌是不同的，三四岁的孩子只要他朗诵最简单的、最接地气的诗歌，骆宾王的《咏鹅》就是最适合的；七八岁的孩子可以朗诵简单的具有文学色彩的唐诗；随着年纪的增大，唐律、宋词，包括元曲，也都可以成为孩子们的朗诵内容。

关于礼仪的学习，王阳明仍贯彻"心即礼"的心学主张，不仅是要一个人把各种礼仪做好，还要发自真心。换句话说，只要发自真心，才能把各种礼仪做得美好。反过来，各种美好、庄严的礼仪会强化内心的认同感，表里如一，使人成为彬彬有礼的美好少年。

最后，王阳明提到一个特别关键的问题，即知识量："给学生讲授知识不宜太多，但一定要保证教会，这就是在精不在多。应该重点考虑每个学生的资质，能学两百字的，只教一百字；能学一百字的，只教五十字。要经常让学生学有余力,这样他们才不会厌倦学习,渐渐会享受学习。"

这段话表面上告诉我们,不能实行填鸭教育。其实,反过来看,王阳明只是告诉你,根据每个学生的资质,要量他们的力而行,并非说,不让他们背诵诗歌。

诗歌必须背诵,而且要反复背诵。中国古人讲,书读百遍其义自见,很清楚地说明了背诵的重大意义。

所谓反复背诵,就是重复训练。中国古代教育极力主张以大量背诵来巩固知识,提升记忆力,有人鄙视为"填鸭式"教育;而西方主张以理解代替背诵,二者可谓泾渭分明。

按王阳明的看法,背诵是必须的,而且要极端严肃。因为孩童不是成年人,他没有自己的判断,必须要家长替他做出判断。为了涵养其知识、素养与自律,强制他遵守严肃的课堂纪律,尊重老师,死记硬背就成了必然。

阳明心学把人心所具备的能力(现代被称为认知)分为两部分。第一部分是"知":感应神速,是直觉、本能,根本不需要我们后天的努力就可完成任务。第二部分则是"行":它需要我们专心致志,谨慎思考,运行时需要分析和推理的介入。

由于知行是一回事,所以这两部分缺一不可,等于是一部分。不过,我们很容易就注意到,"知"控制了本能行为。比如你走路,两条腿交替迈出,这实际上就是直觉、本能;你在街上突然饿了要吃饭,然后想到要吃汉堡,这也是直觉;接着你去行,吃汉堡时不要一口塞进去,因为意识告诉你,会噎死的。

重复训练所锻炼的正是你的"知"。诗歌能让人心性高尚,古代的绝大多数文章都充满着正能量,所以反复背诵它们时就能把你良知所具有的高尚心性和正能量激发出来。

当你具备了高尚的心性和头发里都散发的正能量后，你的"行"自然就具备了正确的方向和能力。其实，背诵功夫就是致良知的一个过程。

这就是王阳明所谓的"知之真切笃实处即是行，行之明觉精察处即是知"。也可以这样理解：唯有知之真切笃实（倒背如流）才能行之明觉精察。

我们只要理解了这些，才能明白，为何中国古代的那些优秀人物，诸如刘伯温、王阳明、张居正等人为何小时候都是过目不忘的神童，并且死记硬背了很多经典书籍。确切地说，他们把自己的良知光明得很好。

《教约》的最后，是一天的学习考核。我们注意王阳明主张的次序：德行，背诵课文，礼仪和课业，解释课文，诗歌朗诵。

在道德至上的古代中国，德行永远都排在第一位，第二个就是死记硬背的童子功。依此顺序，或者说依《教约》，凡是家长皆能培育出优秀的孩子来。

尽孝是尽心，而非表面的道理：
《书诸阳伯卷·甲申》

原文

妻侄诸阳伯复请学，既告之以格物致知之说矣。

他日，复请曰："致知者，致吾心之良知也，是既闻教矣。然天下事物之理无穷，果惟致吾之良知而可尽乎？抑尚有所求于其外也乎？"

复告之曰："心之体，性也，性即理也。天下宁有心外之性？宁有性外之理乎？宁有理外之心乎？外心以求理，此告子'义外'之说也。理也者，心之条理也。是理也，发之于亲则为孝，发之于君则为忠，发之于朋友则为信。千变万化，至不可穷竭，而莫非发于吾之一心。故以端庄静一为养心，而以学问思辨为穷理者，析心与理而为二矣。若吾之说，则端庄静一亦所以穷理，而学问思辨亦所以养心，非谓养心之时无有所谓理，而穷理之时无有所谓心也。此古人之学所以知行并进而收合一之功，后世之学所以分知行为先后而不免于支离之病者也。"

曰："然则朱子所谓如何而为'温清之节'，如何而为'奉养之宜'者，非致知之功乎？"

曰："是所谓知矣，而未可以为致知也。知其如何而为温清之节，则必实致其温清之功，而后吾之知始至；知其如何而为奉养之宜，则必实致其奉养之力，而后吾之知始至。如是乃可以为致知耳。若但空然知之为如何温清奉养，而遂谓之致知，则孰非致知者耶？《易》曰：'知至，至之，知。'至者，知也；至之者，致知也。此孔门不易之教，百世以俟圣人而不惑者也。"

译文

我夫人的侄子诸阳伯又请我讲心学，我就和他谈了"格物致知"之说。

有一天，他问我："致知，就是致我心之良知，我听您讲过了。但天下事物的道理是无穷的，真的'致良知'就可穷尽？有些事是不是还要求于外呢？"

我重新告诉他道："心的本体是本性，人的本性就是天理。天下怎么会有心外之性？又怎么会有心外之理？怎么可能有理外的心？不用心去求理，这是告子的'义是外在'说。理，是心的条理，是心所发出而让人可见的。心发到父母身上，就是孝的理，心发到君主身上，就是忠的理，心发到朋友身上，就是信的理。千变万化，无穷无尽，只不过是一心生万理。所以，以容貌的端庄和内心的平静为养心，以学而问之、思而辨之为穷理，这是把心和理一分为二了。按我的看法，容貌的端庄和内心的平静也是穷理，学而问之、思而辨之也是养心。这并不是说，养心之时就没有理在，穷理之时则没有心。这是古人的学说所以能知行并进而收合一之功，后世的学说所以分知行为先后而陷入支离破碎之境的原因。"

诸阳伯又问："那么，朱熹所说的怎样算做到让父母冬天温暖夏天清凉，如何做算奉养合宜，是不是致良知呢？"

我回答："这只是良知，还不能算是致良知。知道如何做到让父母冬天温暖夏天清凉，则必须去做，而后才算是致了良知；知道如何做到奉养合宜，则必须去做，而后才算是致了良知。如果只是知道如何如何，就说是致良知了，那谁不能致良知？《易》说：'知道了，就去做，才是致良知。'这是孔子不易之教法，必须用百世的时间，来等待对此理解通透而不会有疑惑的圣人。"

评析

这封家信在王阳明家训中异常重要，因为它直截了当地谈了王阳明心学的一个理论——心即理。

《传习录》中有这样一段话，更为简易明快地说明了心即理。

有弟子问王阳明："至善也必须从事物上求取吗？"

王阳明说："你的心纯是天理就是至善，它怎么可能从事物上获得？你举个例子来说。"

弟子说："比如孝敬父母吧，怎样才能保暖避暑，怎样才能恰到好处地奉养，该讲求适当才是至善。基于此，才有了'学问思辨'的功夫。"

先生说:"如果孝敬父母只讲求保暖避暑和奉养恰好,一两天时间就可讲清楚,还说什么'学问思辨'的功夫?保暖避暑、侍奉父母双亲时只要求己心纯为天理,如果没有学问思辨的功夫,就很容易差之毫厘而失之千里。所以,即便是圣贤,也要再加'惟精惟一'的训示。如果认为把那些礼节讲求得适宜了就是至善,那么,有些演员在戏中恰当地表演了许多侍奉父母的礼节,他们也就可称为至善了吗?"

"心即理"是王阳明在龙场悟道后由"吾性自足,不假外求"变化而出的一个理论,它是王阳明心学的世界观。简单而言,所谓"心即理"就是,心在物(事)为理,有此心即有此理,无此心即无此理。

也就是说,心和理是一回事。

心在我们体内,遇到事时,我们的心动了,它就成了理。我们如果真有忠诚君主的一颗红心,就必能产生如何忠诚君主的道理,这道理不须去外面寻求,它就是我心。可如果我们没有忠诚君主的一颗红心,就绝对产生不了如何忠诚君主的道理,纵然做得再好看,也不过是戏子演戏,是假的,因为它和我们的心不匹配。

正因为心可生万理,心也就能生万物。心外无事、心外无物、心外无理,天下一切道理都在我心。

有弟子对这个理论并不十分理解。他问王阳明:"天下一切道理若都在我心,比如侍奉老爹的道理我可以在心中得到,可那些嘘寒问暖、早晚请安的细节,难道不须讲究、不须去外界学习吗?"

王阳明说:"当然要学习,但要有个主次。比如寒冬时的保暖,也只是要尽己之孝心,不得有丝毫私欲夹杂其间;炎夏时候的避暑,也只是要尽己之孝心,不得有丝毫私欲夹杂其间。只问自己的心。如果自己的心没有私欲,天理至纯,是颗诚恳孝敬父母的心,冬天自然会想到为父母抵御严寒，会主动去掌握保暖的技巧；夏天自然会想到为父母消暑，会主动去掌握消暑的技巧。防寒消暑正是孝心的表现，但这颗孝心必是真诚无欺的。我用一棵树来比方吧，树根就是那颗诚恳孝敬的心，枝叶就是尽孝的诸多细节。一棵树，它必须先有根，然后才能有枝叶。你何曾见过有的树是先有了枝叶，然后才有根？"

由此可知，王阳明并不承认在孝顺上有道理、技巧可言。纵然有，也是枝叶，而真正的根本则是内心的良知。

这就是只要你用心，就能得到真理的定论。因为，心即理。

王阳明无非想告诉我们，我们有能力创造一个符合我们心意的世界，而和外面那个客观存在的肮脏世界泾渭分明。

《传习录》中，王阳明清晰地告诉弟子们，他为何要提心即理："只因世人将心和理一分为二，所以就出现了许多弊端。比如春秋五霸攻击夷狄，尊崇周王室，都是为了一个私心，因此就不合乎理。但人们说他们做得十分合理，这只是世人的心不够明净，对他们的行为往往羡慕，并且只求外表漂亮，与心毫无关系。把心和理分开为二，它的结局是，自己已陷入霸道虚伪还没觉察到。所以我认为心就是理。要让人们明白心和理只是一个，仅在心上做功夫，而不到心外去寻求，这才是心学的真谛，亦是我立论的宗旨。"

诸阳伯问他，天下事物的道理是无穷的，真的"致良知"就可穷尽？有些事是不是还要求于外呢？

答案很明显了，致良知可以穷尽一切道理。因为心即理，而致良知，无非是使用我们拥有良知的心。只要用心了，就一定可以得到理。

王阳明的弟子曾问过王阳明，人的良知不被遮蔽，就必能知必能行，何必再加个"致"字？

王阳明叹息道："'致'实属多余，正如知行本一，不必曰

'合'。无奈世人以为知道了就万事大吉，而不去行，不去致，我只能画蛇添足，重点强调。

所以，知道怎样做只是良知，去正确地做，才是致良知。由此可知，致良知就是知行合一。

对荣誉转瞬即忘就是致良知：
《读先师再报海日翁吉安起兵书序》

原文

伏读吾师吉安起兵再报海日翁手书，至情溢发，大义激昂。虽仓卒遇变，而虑患周悉，料敌从容，条画措注，终始不爽，逆数将来，历历若道，其已然者，所谓良工苦心，非天下之至神，何以与此？而世之忌者，犹若未免于纷纷之议，亦独何哉？

夫宸濠逆谋已成，内外协应，虐焰之炽，熏灼上下，人皆谓其大事已定，无复敢撄其锋者。师之回舟吉安，倡义起兵也，人皆以为愚，或疑其诈。

时邹谦之在军中，见人情汹汹，入请于师。

师正色曰："此义无所逃于天地之间，使天下尽从宁王，我一人决亦如此做，人人有个良知，岂无一人相应而起者？

若夫成败利钝，非所计也。"

宸濠始事，张乐高会，诇探往来，且畏师之捣其虚，浃旬始出。人徒见其出城之迟，不知多方设疑用间，有以贰而挠之也。

宸濠出攻安庆，师既破省城，以三策筹之：上策直趋北都，中策取南都，下策回兵返救。

或问计将安出？

师曰："必出下策，驽马恋栈豆，知不能舍也。"

及宸濠回兵，议者皆谓归师勿遏，须坚守以待援。

师曰："不然，宸濠气焰虽盛，徒恃焚劫之惨，未逢大敌，所以鼓动煽惑其下，亦全恃封爵之赏。今未出旬日辄返，众心沮丧，譬之卵鸟破巢，其气已堕。坚守待援，适以自困。若先出锐卒，乘其情归而击之，一挫其锋，众将不战自溃矣。"已而果然。

人徒知其成擒之易，不知谋定而动，先有以夺其心也。师既献俘，闭门待命。

一日，召诸生入讲，曰："我自用兵以来，致知格物之功愈觉精透。"

众谓兵革浩穰，日给不暇，或以为迂。

师曰："致知在于格物，正是对境应感，实用力处。平时执持怠缓，无甚查考，及其军旅酬酢，呼吸存亡，宗社安危，所系全体精神，只从一念入微处，自照自察，一些著不得防检，一毫容不得放纵，勿欺勿忘，触机神应，乃是良知妙用，以顺万物之自然，而我无与焉。夫人心本神，本自变动周流，本能开物成务，所以蔽累之者，只是利害毁誉两端。

"世人利害，不过一家得丧尔已；毁誉，不过一身荣辱尔已。今之利害毁誉两端，乃是灭三族，助逆谋反，系天下安危。只如人疑我与宁王同谋，机少不密，若有一毫激作之心，此身已成齑粉，何待今日！动少不慎，若有一毫假借之心，万事已成瓦裂，何有今日！此等苦心，只好自知，譬之真金之遇烈火，愈锻炼，愈发光辉。此处致得，方是真知；此处格得，方是真物。非见解意识所能及也。自经此大利害、大毁誉过来，一切得丧荣辱，真如飘风之过耳，奚足以动吾一念？今日虽成此事功，亦不过一时良知之应迹，过眼便为浮云，已忘之矣！"

夫死天下事易，成天下事难；成天下事易，能不有其功难；不有其功易，能忘其功难。此千古圣学真血脉路，吾师一生任道之苦心也。畿既读是书，并述所闻，缀诸卷端，归之嗣子正亿，服膺以为大训。是岂惟足以祛纷纷之义，千古经纶之实学！

译文

我（王畿）恭敬地读老师（王阳明）在吉安起兵讨伐朱宸濠之前给其父亲的书信，心中真挚情感如江河泛滥，其大义激昂如雄风巨浪。老师虽仓促地遇到朱宸濠造反的变故，但运筹帷幄，一板一眼，后来所发生的事也证明了老师的超凡入圣、未卜先知。很难想象，如果不是天下第一等人物，怎可做出这样的谋划与成就那么大的功绩？而忌恨王老师的人，对王老师议论纷纷，甚至还有人不屑一顾，真不知这些人是怎么想的？

朱宸濠造反时，已蕴积多年，紫禁城里有他的人，南昌城里有他的精锐部队，可谓文武兼备，内外协应，虎狼之气，直冲云霄，使人无法睁眼。当时大多数人都认为，大局已定，朱宸濠必能造反成功，所以当时知道他造反的人，根本不敢和他叫板。只有王老师，原本是奉圣旨去福建，半路闻听朱宸濠造反的消息，立即调头回到吉安，倡义起兵，讨伐朱宸濠。一群糨糊脑袋认为王老师愚蠢透顶，螳臂当车，还有些内心阴暗的人认为王老师是在要诈，最终目的还是要投降朱宸濠。

　　当时，我同门邹谦之在王老师身边，听闻军中这些流言蜚语，就去找王老师，劝他改弦易辙，或是谨慎而行。

　　王老师格外严肃、格外冷静地说："我良知不允我退缩！纵然天下所有人都归了朱宸濠，我一人也决意如此。人人都有个良知，朱宸濠造反必是错的，我不相信天下人的良知都被遮蔽，无一人响应我！此时，我心中只有良知的命令，成败利钝，根本无暇考虑！"

　　朱宸濠起事后，和他的将士们在南昌城歌舞升平，庆祝即将到来的天下，他之所以不出南昌城，主要是因为担心王老师突袭他的老巢，让他无家可归。不久后，朱宸濠发现王老师并无多少兵力，才缓缓出城。世人只见其迟迟出城，却不知这是王老师多方用计的结果，目的就是让他留在南昌。

　　朱宸濠亲自去攻安庆，王老师趁势攻陷了他的老巢南昌。在南昌城，王老师猜测朱宸濠有三个计划：第一计划是直逼北京，第二计划是攻取南京，第三计划是回兵救他的老巢南昌。

　　有人问王老师："朱宸濠会采用哪一计划？"

　　王老师笑道："他必出第三计划，劣性、无用的马留恋马槽，他无法舍弃老巢。"

正如王老师所料,朱宸濠闻听老巢南昌已失,慌忙在前线回师,众人都认为,朱宸濠兵强马壮,应该坚守待援。

王阳明摇头道:"不对,朱宸濠虽兵强马壮,只是从未遇到劲敌,他的士兵在他发家致富的鼓舞下,才铤而走险。可才走出去没几步,老家已丢,他的士兵眼见富贵无望,老家又没了,必然万分沮丧,正如鸟的巢被打烂,鸟的气势已坠。我们现在坚守待援,是自取围困。如果抢先出兵,乘其气势低落而击之,挫了它的前锋之芒,全军必溃。"后来的情景果如老师所说。

人只知擒拿朱宸濠易如反掌,却不知这背后有王老师的无数筹划,而这无数筹划的前提只是先夺了朱宸濠的心。王老师后来把朱宸濠献给朝廷,就坐等下一步命令。

有一天,王老师对众弟子们说道:"我自用兵以来,更觉'致知格物'之功精透了。"

众人难以理解,因为军务繁忙,根本无空闲时间思考学术。

王老师说:"你们这样理解就错了。'致良知'在于'在事情上正念头',正是对着外部的事验证我们的心,实在是用力处。平时无急事,感觉不到,一入军旅,呼吸存亡,江山安危,能处理明白,全在良知的力量。我的方法是,遇事时一个念头起处,立即抓住它,自照自察,无一丝思考,无一毫功利心,不要欺骗它,照良知的答案去做,此事必成,这就是良知的妙用,顺万物之自然,达无我之境。人心因有良知,所以就很神奇,它本来就是变动周流的,本能做到通晓万物的道理并按这道理行事而得到成功。之所以有人良知不明,只是考虑了利害毁誉。

"平常人所谓的'利害',不过是一家的得丧而已;所谓'毁誉',不过自己的荣辱而已。但朱宸濠造反一事摆在我面前的利害毁誉，可是灭三族的，可是助逆谋反的，可是关系天下安危的。正如有人怀疑我和宁王是一条船上的，如果我情绪一失控，无论是投降朱宸濠还是筹谋不到位，那就粉身碎骨了！消灭朱宸濠的全部过程中，若有一点分心和犹豫，那就万事泡汤，我还能坐在这里？我这番苦心，只能自知，正如真金遇烈火，越锻炼，越发光辉。此处能经得住，才是真知；此处能解决问题，才是大本事。自从经历了这场性命攸关的大事，一切得丧荣辱，就如耳旁之风，怎么能动我起念？今天虽成此大功，也不过是运用良知后所留下的一条轨迹，过眼就成浮云，我已忘了！"

为一件关系天下的大事死很容易，解决一件关系天下的大事难；解决一件关系天下的大事容易，不居此大功难；不居此大功容易，转瞬即忘记这大功难。此是千古圣学真正血脉，我老师一生传道的良苦用心即在此。我（王畿）既在这封信后说了这些话，将其交给王老师的亲儿子王正亿，就是真心认为这是千古第一家训。我说的这些话足可以平息天下对我老师的菲薄，也证实了我老师的学说是千古经纶！

评析

王畿是王阳明最钟情的一位弟子，因为他特别有灵性，这从他上面的文章中一眼即可看出，王畿阁下太会讲故事，《王阳明年谱》关于这段的记录和王畿所讲一比，味同嚼蜡。

王畿不但会讲故事，而且还善于另起炉灶，正是他，在王阳明去世后，将"四句教"改变了本然味道，声称良知现成。心学左派就此发端。

或许在王畿眼中，王阳明起兵讨伐朱宸濠到成功的这个过程，即是王阳明心学的应用,也是回答了"我们到底该学习阳明学什么"的问题。所以,王畿最后说,我将这个故事和我从心学角度看待这件事的态度交给王老师的儿子王正亿,正告他:这才是你老爹的千古第一家训。

王阳明通过平定朱宸濠造反一事,得出的结论让人血脉贲张,他说:"这种事正如真金遇烈火,越锻炼,越发光辉,此处能经得住,才是真知;此处能解决问题,才是大本事。自从经历了这场性命攸关的大事,一切得丧荣辱,就如耳旁之风,怎么能动我起念?今天虽成此大功,也不过是运用良知后所留下的一条轨迹,过眼就成浮云,我已忘了!"

凡是真金都不想遇烈火,因为那太痛苦,正如我们很多人都不希望身处逆境一样。但这不是问题所在,问题是,你的人生中总会遇到一两次逆境。能在逆境中爬出,并傲然站立,这就是真英雄,就是致良知。

王阳明从不主张去自寻逆境,但当逆境来时,你应该欣喜。正如他对弟子们说的,舜如果不遇到象,如何对付象这一物(事),就永不可能被格出来,一遇到象,舜几乎是大喜过望:我终于有机会历练如何对付象这一物(事)了。

此千古第一家训除了这一点,还有以下几点,值得我们学习。

其一,依良知命令而行,该出手就出手:"我良知不允我退缩!纵然天下所有人都归了朱宸濠,我一人也决意如此。"

其二,坚信人性本善:"人人都有个良知,朱宸濠造反必是错的,我不相信天下人的良知都被遮蔽,无一人响应我!"

其三,做坏事的人,往往恋家:"劣性、无用的马留恋马槽,他无法舍弃老巢。"

其四,只专注于天理和当下:"遇事时一个念头起处,立即抓住它，自照自察，无一丝思考，无一毫功利心，不要欺骗它，照良知的答案去做，此事必成。"

其五，对荣誉转瞬即忘就是致良知："为一件关系天下的大事死，容易，解决一件关系天下的大事难；解决一件关系天下的大事容易，不居此大功难；不居此大功容易，转瞬即忘记这大功难。"这几件事，一件比一件难，一件比一件接近良知。人本该如此，事情来时，关注此事，事过后，忘记它，无论是荣耀还是耻辱。王阳明曾说过，眼里不能有半点沙子，也不能有半点黄金屑，否则，总是睁不开眼。

过去已逝，未来还未来，我们唯一能掌控的就是当下。

家长要做良人：《客座私祝》

原文

  但愿温恭直谅之友，来此讲学论道，示以孝友谦和之行，德业相劝，过失相规，以教训我子弟，使毋陷于非僻。

  不愿狂燥惰慢之徒，来此博弈饮酒，长傲饰非，导以骄奢淫荡之事，诱以贪财黩货之谋，冥顽无耻，扇惑鼓动，以益我子弟之不肖。

  呜呼！由前之说，是谓良士；由后之说，是谓恶人。我子弟苟远良士而近恶人，是谓逆子，戒之！戒之！

  嘉靖丁亥八月，将有两广之行，书此以戒我子弟，并以告夫士友之辱临于斯者，请一览教之。

  王守仁书。

译文

　　希望能有和气、谦恭、正直、诚信的高尚品德的朋友，来这里讲学论道，把孝顺、友爱和谦和的美德传播开来，并付诸实践。大家以道德和学业互相劝勉，以过失和改正互相规劝，以训导我的子弟们，让他们万不可生邪恶之心。

　　不希望有轻狂懒惰之人，来此博弈喝酒。这种人只会传播傲慢和是非，散播骄奢淫逸的事，诱导人对钱财名利发生兴趣。他们都是些冥顽不灵的无耻之徒，煽惑鼓动弟子，让他们陷入不肖之境而不觉察。

　　唉！遵循我第一段说法的人，是良人；认准我第二段说法的人，是恶人。子弟们如果远离良人而亲近恶人，就是大逆不道之人，谨记！谨记！

　　嘉靖六年（1527年）阴历八月，我要去两广剿匪，特意写下这些来告诫门中子弟，同时让诸位弟子们也抄录一份，教导子弟。

　　王守仁书。

评析

　　"客座"是招待客人的房间；"私祝"即"私嘱"。王阳明写完这篇文字后，就将其张挂于绍兴阳明书院的客座中，以示对来客及弟子有所嘱托，所以称为"客座私祝"。

　　后来，此文被明代江南四大才子之一文征明的孙子文元发发现，不禁赞叹道："公之斯文，获于乾坤正气，春温秋肃，受者皆生。又如千仞壁立，截断众流。天下父兄，苟不欲其子弟之不肖，皆当家书一通，塾置一本。"

　　大意是说，凡是做家长的，应该把王阳明先生这篇文字抄录一份，作为家训；做教师的也应该抄录一份，作私塾之规。

在文才子的孙子看来，这区区百余字，简直就是世界上最上乘的家训。

王阳明的这篇文字主要是嘱托外来讲学的学者，应以正道教训而不是劣行诱惑浙中子弟，并严正告诫浙中子弟千万不可成为"远良士而近凶人"的"逆子"。

所谓正道，就是孝顺、友爱和谦和的美德，以及道德和学业互相劝勉，以过失和改正互相规劝。最后一条很重要，那就是，传播正道的人也必须正：和气、谦恭、正直、诚信。

明白了正道是什么，也就知道了邪道，正是那些轻狂懒惰之人所走的道。这种人在王阳明看来，自身有劣行的同时也会诱惑别人拥有他们的劣行。

《客座私祝》虽是针对即将传授知识和美德的教师，但它的目标群何尝不是那些家长。家长有正道，儿女就能得到正道；家长无正道，儿女也好不到哪里去。

现代人说，最好的教育在家中。对于子女教育而言，家长异常重要。王阳明可以以书院院规的方式杜绝恶人来，但在一个家庭中，子女没有机会和权利杜绝恶人家长，这就需要家长致良知，把恶人从心中驱走，自己自然就成了良人。

明末清初理学家孙奇逢曾特意为《客座私祝》做了个跋："人家子弟做坏了，多因无益之人日相导引。近墨近朱，面目原无一定；多暴多赖，习气易以移人。余不敢以概天下之贤子弟，就余儿时以迄今日，忽彼忽此，转徙难凭。日与饮者遇，而余之嗜饮也转甚；日与博弈戏谑者习，而种种之好，余亦不肯后于他人也。或时而对贤士大夫语夙昔之事、隐微之念，唯恐其革除之不尽，而洗刷之未到。迨贤士远,而便佞幸,则悠悠忽忽,故态又作。噫!友虽五伦之一,实贯于君臣、父子、夫妇、兄弟之间而妙其用;少年未经世故,此义尤为吃紧。

"《客座私祝》数语,严切简明,直令宵人辈立脚不住。其子弟贤,当益勉于善;即不贤,或亦不至大坏极裂,不可收拾。先生崛起正德,功定叛王,以一悟而师世学,以一胜而开封国,片言只字,无不足提世觉人。独取是篇而刻之,盖人未有不爱其子弟,而子弟之贤不肖,实于此判圣狂。敢以公之吾党士之共爱其子弟者。"

孙奇逢的大意是说:"很多人的孩子变坏了,多数是因为坏人引导。一个人成了什么样的人并无注定,只是近墨者黑近朱者赤而已;一个人暴虐懒惰,也不过是沾染习气而已。我不敢以这种论调评价天下的所有贤良子弟,只就我个人而言,直到今天,时而是好人时而是坏蛋,时而这样时而那样,飘忽不定。有时候我与酒鬼走得近了,我就慢慢成了酒鬼;有时候与喜欢游戏玩乐的人走近了,我就成了这种人。而有时候我和一些君子在一起,聊到自己那些念头的变幻,突然就意识到自己很多时候都是大坏蛋,并且就在那一刻下定决心洗心革面,重新做人,唯恐有一丝疏忽。可是,一和这些君子走远,和小人们走近了,故态又萌。唉,朋友虽然排在五伦之末,实际却是比其他四伦更重要的;有些涉世还未深的年轻人,这一点,最该被铭记。

"阳明先生的《客座私祝》寥寥数语,严切而简明,让那些宵小之徒看了就脸红,转身就跑。子弟贤良的,给他看《客座私祝》,以勉励他向善;子弟不贤良的,给他看《客座私祝》,他也不会坏到哪里去。王阳明先生在正德年间崛起,平定叛王朱宸濠,于龙场驿站悟道,创建心学,以一次大胜(平定朱宸濠)而名扬天下,其所说的话,每一句每一字都在提醒世人致良知。可以说,王阳明先生的所有文章都是圣典。而我独取《客座私祝》,原因就是,人人都爱惜自己的儿女，而儿女或贤良或不肖，这篇文章就是判决书。献给和我一样爱惜儿女的志同道合的朋友们。"

看任何原典，最好看和原典作者旗鼓相当的人的评析，这样可以让你有多个视角审察原典内容。孙奇逢是心学体悟者，对王阳明这段家训推崇备至。其根本原因正如他所说，这篇《客座私祝》和他本人的成长经历有了感应。正因此，他才注意到，《客座私祝》是最走心、最接地气的家训，和文征明的孙子一样，他强烈推荐。

为善就是磨炼本心：《为善最乐文》

原文

　　君子乐得其道，小人乐得其欲。然小人之得其欲也，吾亦但见其苦而已耳。"五色令人目盲，五声令人耳聋，五味令人口爽，驰骋田猎令人心发狂"。营营戚戚，忧患终身，心劳而日拙，欲纵恶积，以亡其生，乌在其为乐也乎？

　　若夫君子之为善，则仰不愧，俯不怍；明无人非，幽无鬼责；优优荡荡，心逸日休；宗族称其孝，乡党称其弟；言而人莫不信，行而人莫不悦。所谓无入而不自得也，亦何乐如之！

　　妻弟诸用明积德励善，有可用之才而不求仕。人曰："子独不乐仕乎？"用明曰："为善最乐也。"因以四字匾其退居之轩，率二子阶、阳日与乡之俊彦读书讲学于其中。

　　已而二子学日有成，登贤荐秀。乡人啧啧，皆曰："此亦为善最乐之效矣!"用明笑曰:"为善之乐,大行不加,穷居不损,岂顾于得失荣辱之间而论之?"

闻者心服。

仆夫治圃,得一镜,以献于用明。刮土而视之,背亦适有"为善最乐"四字。坐客叹异,皆曰:"此用明为善之符,诚若亦不偶然者也。"相与咏其事,而来请于予以书之,用以训其子孙,遂以勖夫乡之后进。

译文

君子热衷于道,小人热衷于欲。不过人人都看到小人得到了欲,我看到的却是他得到了苦。老子说:"五色令人目盲,五声令人耳聋,五味令人口爽,驰骋田猎令人心发狂。"忙碌奔逐,常常忧虑,终生不畅,费尽心机,到头来竹篮打水一场空,迁就自己的欲望,持续地积累恶念与恶行,灭亡了自己,怎么会有快乐在里面?

如君子一样为善,仰不愧于天,俯不怍于地;在人间没有人指责他,到了地狱也没有鬼痛斥他;整日优哉游哉,不费心机,反而越来越好;宗族说他孝顺,乡里乡亲说他敬爱兄弟姐妹;他说的话人人都相信,他做的事人人都喜欢。这就是"到了什么境地都能安然自得"。还有什么快乐比这更快乐的!

我小舅子诸用明一门心思积德行善,有机会去做官也不去。有人问他:"你觉得做官不开心吗?"我小舅子回答:"为善最开心。"后来,他把"为善最乐"四个字写到书房门框之上,带着两个儿子和乡里有志为学的人在里面讲学。

后来,他两个儿子因才德兼优,考中秀才。家乡父老都赞叹不已:"这就是你始终坚持'为善最乐'的回报吧!"我小舅子笑道:"为善的乐趣,纵然理想完全实现,也不会因此而有所增加,即使窘困隐居,也不会因此而有所减少,既然如此,怎么会以得失荣辱而论呢?"

众人都心服口服。

有园丁修理花园,得到一镜,交给我小舅子。我小舅子擦去泥土,只见镜背上有四个字,居然是"为善最乐"。见到的人都大为惊奇,都说:"这是您为善感动了天地,天地用这面镜子来呼应您呢。"众人都传播这件事,我小舅子就请我把这件事写一下,以此来教训子孙后代,进而勉励家乡父老的后代勇于进取。

评析

"为善最乐"这四个字出自《后汉书·东平宪王苍传》:"日者问东平王,处家何等最乐?王言为善最乐。"东平王刘苍"少好经书,雅有智思",后来到京城辅佐皇帝,声誉颇隆,因心上不安,于是回到封地,做最开心的事——为善。

《为善最乐文》的全部内容虽是王阳明小舅子的故事,但的确是王阳明的主张。王阳明在《传习录》中,明白无误地告诉弟子:致良知就是集义,所谓集义,就是行善,做事符合道义。

中国山西晋中乔家大院的正房中央悬挂着一块金字牌匾,上书四个大字:为善最乐。浏览乔家的历史,我们就会发现,"为善"始终贯穿于乔氏家族的日常生活和商业活动中,是乔家的家训之一。乔家曾创造了光辉夺目的成绩,和"为善最乐"四个字密切相关。

中国古人为何会把为善看作人生中最快乐的事呢?

因为无数的事实证明，乐善好施的人，都会因做善事而产生一种说不清道不明的愉悦感，这种愉悦感始终缠绕着他，让他每天都保持着积极乐观的人生态度。

站在功利性的角度看，行善就能积德，有德之人必有福报，每天都能收获福报的人，精神状态比神仙有过之而无不及。

"为善最乐"自然也是王阳明的家训，王阳明对这四个字的解析是这样的：为善的人，不仅仅他的家族爱他，朋友也爱他，纵然是鬼神也偷偷帮助他；而为恶的人，不仅仅他的家族厌恶他，朋友恶心他，纵然是鬼神也偷偷诅咒他。所以说，积善之家必有余庆，积不善之家必有余殃。

另外，我们见到为善之人，肯定会喜欢上他；如果我也为善，将心比心，别人也必定喜欢我；见到为恶之人，我们肯定会厌恶他，如果我为恶，将心比心，别人也必定厌恶我。

他又说，当我们为善时，实际上我们是在践行心学"事上磨炼"的主张，我们为善就是在磨炼、光明我们那颗拥有良知的心。良知自然会善，正如钻石自然会发光，但我们天长日久地磨炼良知里面的善，它就会更加的光彩夺目。善的能量越大，我们的良知就越光明，良知越光明，我们对人情事变的判断力就越精准。

归根结底，为善在王阳明心学那里，仍是磨炼本心。本心既明，心上则安，心安即是强大。

"为善最乐"需发自真诚无欺的良知命令，也即是说要诚意。王阳明曾对弟子说，人皆有良知，人皆想为善，但一定要加倍留意为善的念头。

此即是说，你为善时的念头是什么？是为了出名、获利，还是只听从本心，自然地流露？

这是古典儒家和理学、心学都特别关注的问题：动机。

《聊斋志异》有句话正是最好的注解：无心为恶，虽恶不罚；有心为善，虽善不赏。

所以王阳明认为，为善最乐应该有两方面，与人为善和与己为善，真正的为善最乐应该是二者兼备，二合一的。

所谓与己为善，应该是遵循本心，为善就是为善，不图其他，唯有如此，才能在与人为善时无牵无挂，自然流露。这才是真正的为善最乐，既乐他人，也乐自己。

世界上有一种令人作呕的为善，就是拉着别人去做善事，也就是今天所谓的"劝捐"。所以当我们听到公益这个词汇时，千万要谨慎，探寻下他的念头，就可知，它是真的为善最乐，还是仅仅在做为善最乐的样子。

王门四规：《教条示龙场诸生》

原文

诸生相从于此，甚盛。恐无能为助也，以四事相规，聊以答诸生之意：一曰立志，二曰勤学，三曰改过，四曰责善。其慎听，毋忽！

立志

志不立，天下无可成之事，虽百工技艺，未有不本于志者。今学者旷废隳惰，玩岁愒时，而百无所成，皆由于志之未立耳。故立志而圣，则圣矣；立志而贤，则贤矣。志不立，如无舵之舟，无衔之马，漂荡奔逸，终亦何所底乎？昔人有言，使为善而父母怒之、兄弟怨之、宗族乡党恶之，如此而不为善可也；为善则父母爱之、兄弟悦之、宗族乡党敬信之，何苦而不为善为君子？使为恶而父母爱之、兄弟悦之、宗族乡党敬信之，如此而为恶可也；为恶则父母怒之、兄弟怨之、宗族乡党恶之，何苦而必为恶为小人？诸生念此，亦可以知所立志矣。

勤学

已立志为君子，自当从事于学。凡学之不勤，必其志之尚未笃也。从吾游者，不以聪慧警捷为高，而以勤确谦抑为上。诸生试观侪辈之中，苟有虚而为盈，无而为有，讳己之不能，忌人之有善，自矜自是，大言欺人者，使其人资禀虽甚超迈，侪辈之中，有弗疾恶之者乎？有弗鄙贱之者乎？彼固将以欺人，人果遂为所欺，有弗窃笑之者乎？苟有谦默自持，无能自处，笃志力行，勤学好问，称人之善，而咎己之失，从人之长，而明己之短，忠信乐易，表里一致者，使其人资禀虽甚鲁钝，侪辈之中，有弗称慕之者乎？彼固以无能自处，而不求上人，人果遂以彼为无能，有弗敬尚之者乎？诸生观此，亦可以知所从事于学矣。

改过

夫过者，自大贤所不免，然不害其卒为大贤者，为其能改也。故不贵于无过，而贵于能改过。诸生自思平日亦有缺于廉耻忠信之行者乎？亦有薄于孝友之道，陷于狡诈偷刻之习者乎？诸生殆不至于此。不幸或有之，皆其不知而误蹈，素无师友之讲习规饬也。诸生试内省，万一有近于是者，固亦不可以不痛自悔咎。然亦不当以此自歉，遂馁于改过从善之心。但能一旦脱然洗涤旧染，虽昔为寇盗，今日不害为君子矣。若曰吾昔已如此，今虽改过而从善，将人不信我，且无赎于前过，反怀羞涩凝沮，而甘心于污浊终焉，则吾亦绝望尔矣。

责善

责善，朋友之道，然须忠告而善道之。悉其忠爱，致其婉曲，使彼闻之而可从，绎之而可改，有所感而无所怒，乃为善耳。若先暴白其过恶，痛毁极底，使无所容，彼将发其愧耻愤恨之心，虽欲降以相从，而势有所不能，是激之而使为恶矣。故凡讦人之短，攻发人之阴私，以沽直者，皆不可以言责善。虽然，我以是而施于人不可也，人以是而加诸我，凡攻我之失者，皆我师也，安可以不乐受而心感之乎？某于道未有所得，其学卤莽耳。谬为诸生相从于此，每终夜以思，恶且未免，况于过乎？人谓事师无犯无隐，而遂谓师无可谏，非也。谏师之道，直不至于犯，而婉不至于隐耳。使吾而是也，因得以明其是；吾而非也，因得以去其非：盖教学相长也。诸生责善，当自吾始。

译文

诸位相聚于此（龙场驿）听我讲学，我很欣慰。但我担心能力有限，无法帮助你们。有四件事，希望你们能做到，这也是我对你们的感谢之意吧。哪四件事呢？它们是立志、勤学、改过、责善。要严肃对待这四件事，不可疏忽！

立志

不树立志向，天下就没有能成功的事。即使是各行各业的技艺工人，也都是立有志向的人。现在的学者对学业旷废懈怠，虚度光阴，而一无所成，都是因为没有树立志向而已。我认为，立下成圣的志向，就会成圣；立下成贤的志向，就会成贤。志向不立的人，就如没有舵的船、没有缰绳的马，飘飘荡荡，漫无目标，最终要奔向何方呢？有人说过，如果立志为善，而父母愤怒你、兄弟怨恨你、家乡父老厌恶你，那么，你就不必为善了；如果立志为善，而父母爱你、兄弟喜欢你、家乡父老敬爱相信你，你何苦不为善，不当君子呢？

如果你为恶，父母爱你、兄弟喜欢你、家乡父老相信你，那你为恶也未尝不可；如果你为恶，父母愤怒你、兄弟怨恨你、父老乡亲厌弃你，你何苦必为恶而做小人呢？诸位知道了这些，就知道所立的志向应该是什么了。

勤学

立下成为君子的志向后，就该勤奋学习。凡是学习不勤奋的，肯定是其志向不坚定。我很欣慰，跟随我的弟子和朋友们都不以聪慧敏捷取胜，而以勤奋、坚定、谦虚为第一。诸位可以观察下我弟子和跟我亲近的朋友中，如果有"肚子里明明空空的，却假装很充盈；明明是没学问，却假装懂得很多"；隐藏自己的短处、妒忌别人的长处、以自我为中心、自以为是，说大话来欺骗别人，这样的人，就算天资很高超，同学们不会讨厌他吗？不会轻视他吗？他就算用那种方式来欺骗别人，别人就真的会被他所欺骗吗？会有人不在背后偷偷地嘲笑他吗？如果有人谦虚低调又能控制自己的情绪，目标坚定、虚心做事、不耻下问，与人相处总是发现别人的优点，善于从自己身上寻找不足，善于学习别人的长处，知晓自己的不足，忠诚守信而又乐观豁达、表里如一，纵然他的资质禀赋愚钝不堪，同辈之中，有谁不称赞羡慕他呢？那些原本没有多大才能，却又不求上进的人，人们当然认为他确实没有才能，还有谁会尊敬他推崇他呢？各位同学看到这些，就知道，为了志向必须要勤奋学习了。

改过

过错，大贤大能之人也有，无人可以免除，然而他们仍是大贤大能之人，就因为他们知错能改。所以说，我们不应以不犯错误为贵，而应以善于改正错误为贵。诸位扪心自问，平日在廉耻忠信方面有缺陷吗？也有轻视孝顺友爱的道理，陷入在狡猾奸诈苟且刻薄的习气吗？我想，你们大概还不至于如此。如果真不幸有这类人，全是因为他不知天理而失足，平时没有老师朋友的讲解规劝告诫。诸位试着自我反省一下，万一有和这种情况接近的，也要自我反思，自行悔改。然而也不应就此过于愧疚，导致在改正错误发扬从善方面毫无勇气。只要有朝一日能改正过去的错误，即使过去是盗贼流寇，今后也可以成为彬彬君子。如果说我过去已经是这样了，现在即使改正错误做好事了，万一人们不相信我，而且不宽恕我之前的罪过，反而让我怀着羞耻之心无颜见人，进而破罐子破摔，一错再错，对这种人，我非但无话可说，而且近乎绝望。

责善

所谓责善，就是互相监督、提醒，从而让对方的品格臻于美好，它是朋友之间不可多得的美好品质，须真诚告诫并循循善诱讲给朋友听。尽心尽力体现你对他的关心爱护，采用委婉温柔的表达方式，使朋友听到它就能够接受，深思出道理后就能够改过，对我有感激却没有恼怒，才是最好的方法啊。如果首先揭发朋友过错和缺点，极力斥责他的过错，令他无地自容，他会羞愧难当并记恨在心，即使他口已服却心不服，只是因形势所迫而暂时服从，这是刺激他继续做坏事。所以但凡揭发别人的短处，攻击别人的隐私，故作正直的举止来谋取名誉的人，都不是用语言监督、提醒朋友，使朋友臻于美好的人。即使是这样，让我被别人以这种方式"责善"也不是不可以。他人用这种态度加在我的身上，凡是攻击我过失的人，我都把他看成是我的老师，怎么可以不快乐地接受并心存感激呢？我对于圣道没有什么心得，我的学问是粗浅的。错误地让你们跟随我在此学习，即使我日思夜想，罪过尚不能免除，何况过错呢？人们说对待老师要不冒犯不规劝，并说在老师面前不能提意见，这是大错。在老师面前提意见，直言相谏不能说是冒犯，即使婉言规劝也要让他能意识到。让我按正确的做，我才能得以明白正确之处；我做错了，也能够改正错误：大概这就是所谓的"学生和老师互相学习而成长"。同学们互相监督、提醒，使对方品格臻于美好，就从我开始。

评析

《教条示龙场诸生》是王阳明初创心学，还未离开创建心学的圣地——贵州龙场驿站——时所制定的学生守则。

它虽是王阳明让弟子应遵守的规矩，但同样适合他的家人，乃至天下所有有志于学的人。立志、勤学、改过、责善，可以看作王门四规，凡是进王阳明门下学习的人，都要把这四件事铭记在心，并知行合一。

"立志"是王阳明常挂嘴边的两个字,自然也是王门第一诫。王阳明多次说过"立志"的重要性,在这里,它认为志向就是船之舵,马之缰绳。若没有志向,正如四处漂荡的小舟和脱缰的野马。

在王阳明看来,"立志"归根结底是"成就自我",即成就自己的理想人格——成为圣贤。他说:"人须有为己之心,方能克己;能克己,方能成己;能成己,才能成人。"

立志神通广大:立志成圣,就成圣;立志成贤,就成贤。

无论是圣人还是贤人,按王阳明的看法就是善人。所谓善人,就是"父母爱你,兄弟喜欢你,家乡父老敬爱相信你"的那种人。

父母爱你,兄弟喜欢你,父老乡亲敬爱你,仅凭你是个好人就足够了吗?

不够!王阳明所谓的立志成善人,是站在万物一体的世界观角度而言的。所谓万物一体,是把天地万物当成自己身体、心灵的一部分,感同身受。可这天地万物中如果有恶劣的东西呢?比如我身体长了个毒瘤,唯一的办法就是,割掉它。

所以,王阳明所谓的善人不是帮老太过马路,也不是见到任何人就眉开眼笑,被人说"你人真老实"的善人,而是对是非好恶如冰炭般分明的善人。

若想成为这种道德和智慧兼备的善人,必须要勤学。勤学学什么?有人说,自然那是学习经典。学习经典只是呼唤出我们固有的良知,并非学习外在的知识。跳到阳明心学上来,我们要学习阳明心学,必须要读以下经典:《大学问》,这是王阳明对世界观、人生观的基本看法,也是致良知的简单流程。《传习录》和《王阳明全集》,若想知某人的哲学,必须要了解此人的言论和事迹。这就是知行合一,不读王阳明的生平,你不会太透彻理解阳明心学简易明快背后的深义。

在王门四规中，王阳明所说的勤学，其实不是知识。因为良知具足，学外在的知识只是验证良知固有的知识而已，这不是迫在眉睫的事。王阳明最关注的还是美好的品德，勤学就是学习那些或者说是呼唤良知固有的那些诸如勤奋、坚定、谦虚等美德。

因为这些美德是人类良知所固有的，所以人人皆同。掌握了这些美德，你就能和他人建立良好的感应，正如一面明镜，无论是什么人，来到你这面镜子面前，原形毕露。这也就是光明良知的手法。

我们在勤学过程中，难免会犯错，于是就有了改过。勤学是王阳明方法论"事上练"的理论依据。如果我们不去事上练，心失去了存在意义。但我们事上练时，常会有错误，这缘于我们良知的光明程度不够。认识到错误后，立即把它改正，在这过程中，我们的良知就被光明了一些。

王阳明说，眼睛如果不在心的指使下去看五光十色，眼睛就是无用的；耳朵如果不在心的指使下去听万籁之音，耳朵就是无用的；鼻子如果不在心的指使下去闻杂陈五味，鼻子就是无用的。

你说你有眼睛，但视而不见；你说你有耳朵，但充耳不闻；你说你有鼻子，但闻而不知香臭。这不能说你有眼睛、耳朵和鼻子。

正如你说你有良知，可从未做过任何善事，怎么能说你有良知？

所以，必须要事上练，事上练的过程中出了错，立即改正，这就是知行合一。

王阳明说，人皆有良知，所以人人都知道过错，但是否有勇气去改，并非人人都能做到。"悔悟是去病之药，然以改之为贵。若留滞于中，则又因药发病。"及时地改正错误，才是圣人之道。

虽然一切道理都在我心，但外在的监督、提醒也不可缺少。它们就如同制度。在好的制度下，坏人也能变好人；在坏的制度下，好人也能变坏。而我们必须要去亲近那些好的制度，凡是好的制度，都是一些人在良知命令下做出的。在我们的人生中，必须有一群好的朋友在身边，大家互相砥砺、互相纠错，从而成就彼此。这就是责善。

把王门四规放到家庭中，它同样适用。正如王阳明在立志一节中所说的那样，父母如果喜欢你为善，你为何不为？一个家庭就是一所学校，长辈、平辈和晚辈都须勤学，成为好人，人人也都有犯错的时候，要勇于改正。大家互相监督、磨砺，最终成己成人。

其实，阳明心学概念、理论、条条框框纷繁复杂，若想进王门，路径之一就是这王门四规。看似毫不出奇的八个字，寄托了王阳明对世人的良苦用心。而在他看来，只要真的做到这八个字，那成圣成贤，随你挑。

良知人人皆有：《书诸阳伯卷·戊寅》

原文

　　诸阳伯俩从予问学，将别请言。

　　予曰："相与数月而未尝有所论，别而后言也，不既晚乎？"

　　曰："数月而未敢有所问，知夫子之无隐于我，而冀或有所得也。别而后请言，已自知其无所得，而虑夫子之或隐于我也。"

　　予曰："吾何所隐哉？道若日星然，子惟不用目力焉耳，无弗睹者也。子又何求乎？道在迩而求诸远，事在易而求诸难，天下之通患也。子归而立子之志，竭子之目力，若是而有所弗睹，则吾为隐于子矣！"

译文

诸阳伯听我讲学很兴奋,要离开时,请我送他几句话。

我说:"你我一起待了数月,你从未问过什么,我也没说过什么,现在要走了,是不是有点晚了?"

诸阳伯说:"这些天来,我所以没敢问,知道您不会对我有所隐瞒,以为会有所得。即将分别,之所以请问您,是因为我感觉没有所得,我疑心您对我有所隐瞒,没有用心教我。"

我说:"我哪里有所隐藏?'道'就如太阳、星星一样,只是你不用心,看不见而已。既然这样,你又求取什么呢?'道'在你身边你却去远处求,很简单的事,你却把它搞得极复杂,这是天下人的通病。你回去后就立下志向,用心看,如果还没有看到东西,那就说明我对你隐藏了!"

评析

先从一个故事讲起。有个叫杨茂的聋哑人来见王阳明,请王阳明先生传授心法。二人就用纸笔交谈。

王阳明写道:"你口不能言是非,你耳不能听是非,你心还能知是非否?"

杨茂简单写道:"知是非。"

王阳明写道:"如此,你口虽不如人,你耳虽不如人,你心还与人一般。"

杨茂点头,拱手相谢。

王阳明:"大凡人只是此心。此心若能存天理,是个圣贤的心,口虽不能言,耳虽不能听,也是个不能言不能听的圣贤;心若不存天理，是个禽兽的心，口虽能言，耳虽能听，也只是个能言能听的禽兽。"

杨茂点着胸口指着天。

王阳明："你如今于父母，但尽你心的孝；于兄长，但尽你心的敬；于乡党邻里、宗族亲戚，但尽你心的谦和恭顺。见人怠慢，不要嗔怪；见人财利，不要贪图。但在里面行你那是的心，莫行你那非的心。纵使外面人说你是，也不须听；说你不是，也不须听。"

杨茂又是拜谢。

王阳明："你口不能言是非，省了多少闲是非；你耳不能听是非，省了多少闲是非。凡说是非，便生是非，生烦恼；听是非，便添是非，添烦恼。你口不能说，你耳不能听，省了多少闲是非，省了多少闲烦恼，你比别人快活自在了许多。"

杨茂兴奋起来。

王阳明："我如今教你但终日行你的心，不消口里说；但终日听你的心，不消耳里听。"

杨茂再三拜谢。

再看第二个故事。

1524年，浙江绍兴府知府南大吉向王阳明请教政事。南大吉曾听过王阳明几次公开课，很快就喜欢上了王阳明心学。

那天，南大吉问王阳明："我为政总有过失，先生为何没有说法？"

王阳明反问："你有什么过失？"

南大吉就把自己为政的过失一一说给王阳明听。

王阳明听后说："你这些过失，我都指点过你。"

南大吉愣住了："您说过什么？"

王阳明接口道："如果我没有说过，你是怎么知道这些过失的？"

南大吉恍然："良知。"

二人相视而笑。

几天后，南大吉又来见王阳明，叹息说："如果身边有个能人经常提醒我，我犯的过失可能会少点。"

王阳明回答："别人的提醒不如你自己良知的提醒。"

南大吉这次恍然得更彻底。

又过几天，南大吉来问王阳明："行为上有了过失可以改变，心上有了过失可如何是好？"

王阳明看了他一眼，说："你现在良知已现，心上不可能有过失，心上没有过失，行为上也就不可能有过失。当然这是从理论上来讲，实践中，还需要刻苦修行。"

讲这两个故事的目的很简单：良知这东西，人人皆有，而且你只要肯见它，它就在。

回到这篇《书诸阳伯卷·戊寅》，更容易理解这句话的含义。

王阳明所说的"道"，毋庸置疑就是良知，人人皆有良知，正如天上有太阳和星星。只是很多人不用心，视而不见，或者是看到了，却漠然视之。

曾有个叫徐樾的弟子请教王阳明。王阳明说："你不必说你的功夫如何，请举例子。"徐樾就兴奋地举起例子来，他举一个，王阳明否定一个，举了十几个，已无例可举，相当沮丧。王阳明指点他道："你太执着于事物。"徐樾不理解。王阳明就指着船里的蜡烛的光说："这是光。"在空中画了个圈说，"这也是光。"又指向船外被烛光照耀的湖面说，"这也是光"，再指向目力所及处，"这还是光。"徐樾先是茫然，但很快就兴奋起来，说："老师我懂了。"王阳明说："不要执着，光不仅在烛上。"

徐樾到底懂什么了？王阳明所谓的"光不仅在烛上"到底是什么意思？这封家信告诉了我们答案。

烛光，就是我们的良知，我们不仅要看到烛芯上有光，凡是它能照耀到的地方都有光，即是说，我们一旦致了良知，就如点燃蜡烛一样，能照彻天地。

王阳明另一层深意大概是，不要把良知当成死物，它是能扩展、能生天生地的。所以要动起来，不要静坐在那里，空空如也。

只要你动起来，良知之光就能照彻到任何地方，无论是你的内心还是大千世界。

良知就如太阳、星星，人人皆有，当它发光时，人人皆能见。

朋友也要讲门当户对：《姚江王氏族箴·慎交游》

原文

　　朋友居五伦之内，一生学业要他帮助教导，异日儿女成行尊为父执，此之谓取善辅仁的朋友。若同恶相济，朋比为奸，当初虽谊胜漆胶，其后必盟寒车笠，如是之人，不胜枚举。与其悔之于后，何如慎之于先？

译文

朋友在五伦（君臣、父子、兄弟、夫妇、朋友）关系之内，人的一生，在学业上需要朋友的帮助教导，有朝一日自己儿女成长后会把他尊称为父亲的朋友，这就叫作能吸取长处培养自己仁德的好友。如果一起作恶，合伙勾结常做邪恶之事，即使当初友谊亲密，曾有"车笠之盟"，日后必然因贫富的转换而忘记了贫贱之交。这种没有情谊之人，世间太多，与其到日后后悔，还不如预先交友时谨慎。

评析

古人最重视朋友，不是因为朋友能给自己带来利益和快乐，而是因为朋友在五伦之内。孔子曾说过，不知道这个人怎样，那就看他结交的朋友。他的朋友如果都不靠谱，他也诚信不到哪里去。事情明摆着：常常和好人在一起，如进了有芝兰的房间，时间一久即不会闻到香气，这是因为你的气息和芝兰的香气融为一体了，而你却不知；和坏人在一起，就如进了鱼虾市场，时间久了不会闻到腥味，因为你的气息和鱼虾的臭气也融为一体了。

这段话说明了交友的极端重要性，朋友的好坏，几乎能改变你的人生。

交友为什么重要，首先，是它在符合天理的五伦之内。其次，是人有家室后，父母之教会淡，老师之教会远，只有朋友才会随时交往。人这种动物很奇特，他们可能不会听从父母之言，不理妻子的话，但往往对朋友的话深信不疑。所以，交友，尤其是交到真正的好友，有多么重要。最后，真正朋友会指出你的错误，父母和妻子，因为出于爱，大概不会指责你的是非，但朋友会。这其中的道理恐怕是，朋友之间没有原始亲情的羁绊，互相之间没有利益冲突，所以能实话实说。

交友要有道，第一个道就是尽可能地识别君子和小人。如何识别呢？君子总谈义，小人总谈利，只要察其言观其行就可得知，这是一般层面上的说法。王阳明则认为，如果你是君子，你就有颗君子之心，心是光明的，来个朋友就照，一照就能照出来他是君子还是小人。如果你是小人，你对君子的那一套肯定不适应。这就叫物以类聚，人以群分。所以如何识别君子和小人的关键一点就是，你首先要是个君子，或者是个小人。

第二个道自然就是，知道了谁是君子谁是小人后，要亲君子远小人。

按王阳明"知行合一"理论，没有"行"就不算真知，所以如何亲君子远小人，非去事上磨炼不可。事实上，孩童在生活中必然会遇到无数的引诱，会遇到许多陌生而可能会对孩子有不良影响的人，会遇到孩子从未经历过的对他们身心有害的事件。家长应该让自己的孩子有能力对这些加以研究分析，最终有自己的判断力。倘若把孩子封闭起来，不让他们和社会接触，就不可能达到这个目的。所以，适当地让自己的孩子和各种各样的人交往，这在情在理，不过，要经常加以监督。

第三个道就是王阳明所提到的"慎"。人生得一知己足矣，但这不符合人是社会的动物这一命题。人既然是社会的动物，就肯定会结交各种朋友，但结交是结交，深交是深交，知己是知己。一定要把那些酒肉朋友请出自己的朋友圈，而请出的办法不过是，你自己首先应该不是酒肉之徒。

值得注意的是，该族箴中提到的一个典故"车笠之盟"。据说古代吴越一带风俗淳朴，凡初次同人交往，就封土坛，拿出鸡犬等作为祭品，向天祷告说："卿虽乘车我戴笠，后日相逢下车揖；我步行，君乘马，他日相逢君当下。"在优美的祷告词中，人们希望友情天长地久，不因再次见面后地位发生了变化而变化。

这是虚幻的理想，所以很难成真。人因为地位的变化而改变从前友谊的事太多，唯一的办法就是，一旦你的朋友地位比你高了，那你就尽量不要去找人家，回顾友谊。过去的事，就让它过去，须知，朋友也是讲门当户对的。

厚待亲邻：《姚江王氏族箴·厚亲邻》

原文

亲以共休戚，邻以助守望，皆人生应有之事。然或以贫富之互形而势同冰炭，或因一言之偶拂而视若寇雠，一旦变生意外，谁为手援？故居家之道，不可无穷亲眷往来，不可无正经人交易。欲一言以蔽之，莫如存厚。

译文

亲人之间应该休戚与共，邻里之间应该互相帮助关照，这都是每个人应做的事。但有人以贫困、富贵的不同而造成水火不容，或者由于一句有口无心的话语产生隔膜而变成仇敌，一旦发生变故，还会有谁伸出救援之手呢？因此，居家的道理就是，要和贫穷的亲戚来往，同守道义的人交易。用一句话来概括就是，要拥有厚道之心。

评析

关于亲情，王阳明最有发言权。1502年，他在老家浙江余姚的一个山洞中修习导引术，品读佛经。这并非他的目的，他的目的在导引术和佛经之外，也就是当初在九华山一直追寻的目标：远离红尘，成仙成佛。1502年，王阳明已三十一岁。二十多年的追寻，二十多年的苦闷，足以让他把红尘俗世抛到脑后。他在静坐中想了很多，建功立业没有平台，又不能突破理学的大山而寻到成为圣贤的钥匙，文学家的迷梦又被他亲手刺破。他此时唯一的精神支柱只有佛道。

佛道的确能解脱他的苦恼，终止他迷茫的前半生，只要他能放弃一切。但是，他还有个心结，这就是他的家人，尤其是他的父亲。毕竟，他是个儒家知识分子，儒家提倡的第一道德就是孝，他说服不了自己的心去违背这一道德。

有一天，他在静坐修行导引术时，突然"看见"几位朋友正在来拜访他的路上。他让仆人去迎接，朋友得知原委后，大惊小怪道："您真是神人啊！"

王阳明却叹口气道："这是簸弄精神，毫无意义。"

就在朋友们大惊小怪的几天后，王阳明从禅宗静坐中猛然睁眼，眼神坚定地说道："亲情与生俱来，如真能抛弃，就是断灭种性！"他站起来，走出山洞，深呼一口气，外面的空气如黄金，一片灿烂。他和佛教说了再见。

第二年，他到杭州游玩，听到一座寺庙中有个和尚，不听不闻，不言不语，已禅坐三年。若是从前，王阳明必会热血沸腾，狂奔而去见这位高人。但现在，王阳明已看透佛教，他慢悠悠地去了那座寺庙，脸上挂着不怀好意的笑。

那个和尚正在禅坐，正如传说中的一样，像尊大理石雕像。王阳明平静地绕着和尚转了几圈，脸上似笑非笑。最后，他在和尚面前站住，盯准了和尚的秃头，突然大喝一声："咳！你这和尚终日口巴巴说甚么！终日眼睁睁看甚么！"

和尚三年来明明一句话未说，一只眼未睁，王阳明却说和尚"口巴巴说什么""眼睁睁看什么"，这就是禅宗和尚们所说的禅机。禅机，就是用含有机要秘诀的言辞、动作或事物来暗示教义，让接收方触机领悟。

不愧是坐了三年的和尚，这禅机被他瞬间领悟，他睁开眼，眼前是一片金光四射的世界，非常刺眼。眼前有个人，正盯着他的脑门看。

他要张嘴，王阳明却制止了他，因为他知道，自己的话已经撬开了和尚的榆木脑袋。

"你家里还有什么人？"

和尚回答："还有老娘在。"

"想念她吗？"

和尚不语，两眼已湿润。长久的沉默后，和尚叹口气，以愧疚的语气说道："怎能不想念啊。"

王阳明长出一口气，丝毫没有搞定了和尚的欣喜，而是颇为沉重地向和尚摆手道："回去吧，你老母需要你。"

第二天，和尚迈开年久未用的双腿离开寺庙，回家孝顺母亲去了。

中国传统道德的底线是针对父母的孝，由父母延伸到其他亲人身上，就是仁。王氏家训认定，必须要以一颗仁厚的心善待亲人，才能做到休戚与共。其实，亲人之间，不仅仅有血缘关系，长期生活在一起，感情逐渐加深，自然会有与其他人不同的感情。这也就是为什么要对亲人仁厚。

至于邻里，由于他们是除亲人外离我们最近的人群，所以也应该以一颗仁厚的心对待。在王阳明的心学世界中，心外无理，只有用心，才有理的出现。我们对待亲人、邻里也正是这一思路，只有用仁厚的心对待他们，才能出现他们所偿还的以仁厚的心对待我们的理。

　　双方是互相发生感应的，这也正是王阳明心学万物一体之仁世界观的基本呈现。

让人洗心革面的宝典：《告谕浰头巢贼》

原文

　　本院巡抚是方，专以弭盗安民为职，莅任之始即闻尔等积年流劫乡村，杀害良善，民之被害来告者，月无虚日。本欲即调大兵剿除尔等，随往福建督征漳寇，意待回军之日剿荡巢穴。后因漳寇即平，纪验斩获功次七千六百有余，审知当时倡恶之贼不过四五十人，党恶之徒不过四千余众，其余多系一时被胁，不觉惨然兴哀。因念尔等巢穴之内，亦岂无胁从之人。况闻尔等亦多大家子弟，其间固有识达事势，颇知义理者。自吾至此，未尝遣一人抚谕尔等，岂可遽尔兴师剪灭；是亦近于不教而杀，异日吾终有憾于心。故今特遣人告谕尔等，勿自谓兵力之强，更有兵力强者，勿自谓巢穴之险，更有巢穴险者，今皆悉已诛灭无存。尔等岂不闻见？

　　夫人情之所共耻者，莫过于身被为盗贼之名；人心之所共愤者，莫甚于身遭劫掠之苦。今使有人骂尔等为盗，尔必怫然而怒。尔等岂可心恶其名而身蹈其实？又使有人焚尔室庐，劫尔财货，掠尔妻女，尔必怀恨切骨，宁死必报。尔等以是加人，人其有不怨者乎？人同此心，尔宁独不知？乃必欲为此，其间想亦有不得已者，或是为官府所迫，或是为大户所侵，一时错起念头，误入其中，后遂不敢出。此等苦情，亦甚可悯。然亦皆由尔等悔悟不切。尔等当初去后贼时，乃是生人寻死路，尚且要去便去；今欲改行从善，乃是死人求生路，乃反不敢，何也？

若尔等肯如当初去从贼时，拼死出来，求要改行从善，我官府岂有必要杀汝之理？尔等久习恶毒，忍于杀人，心多猜疑。岂知我上人之心，无故杀一鸡犬，尚且不忍，况于人命关天？若轻易杀之，冥冥之中，断有还报，殃祸及于子孙，何苦而必欲为此？我每为尔等思念及此，辄至于终夜不能安寝，亦无非欲为尔等寻一生路。惟是尔等冥顽不化，然后不得已而兴兵，此则非我杀之，乃天杀之也。今谓我全无杀尔之心，亦是诳尔；若谓我必欲杀尔，又非吾之本心。尔等今虽从恶，其始同是朝廷赤子。譬如一父母同生十子，八人为善，二人背逆，要害八人。父母之心须除去二人，然后八人得以安生。均之为子，父母之心何故必欲偏杀二子？不得已也。吾于尔等，亦正如此。若此二子者一旦悔恶迁善，号泣投诚，为父母者亦必哀悯而收之。何者？不忍杀其子者，乃父母之本心也。今得遂其本心，何喜何幸如之？吾于尔等，亦正如此。

闻尔等辛苦为贼，所得苦亦不多，其间尚有衣食不充者。何不以尔为贼之勤苦精力，而用之于耕农，运之于商贾，可以坐致饶富而安享逸乐，放心纵意，游观城市之中，优游田野之内。岂如今日，担惊受怕，出则畏官避仇，入则防诛惧剿，潜形遁迹，忧苦终身；卒之身灭家破，妻子戮辱，亦有何好？尔等好自思量，若能听吾言改行从善，吾即视尔为良民，抚尔如赤子，更不追咎尔等既往之罪。如叶芳、梅南春、王受、谢钺辈，吾今只与良民一概看待，尔等岂不闻知？尔等若习性已成，难更改动，亦由尔等任意为之；吾南调两广之狼达，西调湖、湘之土兵，亲率大军围尔巢穴，一年不尽至于两年，两年不尽至于三年。尔之财力有限，吾之兵粮无穷，纵尔等皆为有翼之虎，谅亦不能逃于天地之外。

呜呼！吾岂好杀尔等哉？尔等苦必欲害吾良民，使吾民寒无衣、饥无食、居无庐、耕无牛、父母死亡、妻子离散。吾欲使吾民避尔，则田业被尔等所侵夺，已无可避之地；欲使吾民贿尔，则家资为尔等所掳掠，已无可贿之财。就使尔等今为我谋，亦必须尽杀尔等而后可。吾今特遣人抚谕尔等，赐尔等牛酒银两布匹，与尔妻子，其余人多不能通及，各与晓谕一道。尔等好自为谋，吾言已无不尽，吾心已无不尽。如此而尔等不听，非我负尔，乃尔负我，我则可以无憾矣。呜呼！民吾同胞，尔等皆吾赤子，吾终不能抚恤尔等而至于杀尔，痛哉痛哉！兴言至此，不觉泪下。

译文

本老爷我以弭道安民为职,一到任就有良民来告你们,川流不息,不舍昼夜。听到你们的恶行后,我原本下定决心,在征剿詹师富时顺便统率大军剿灭了你们。可是平完漳寇(詹师富),斩获七千六百余,经审理后得知,首恶不过四五十人,党恶之徒不过四千余,其余的都是一时被威逼利诱而落草为贼,我不禁惨然于心。于是想到你们当中,必有被威逼利诱之人。访知你们多是大家子弟,其中肯定有明大理的。我从来没有派一人去抚谕,就兴师围剿,近乎不教而杀,日后我必后悔。所以,特派人向你们说明,不要以为有险可凭,不要觉得你们人多势众,比你们强大的都已被我消灭了,你们看不到吗?

人最耻辱的事,就是被人称为盗贼;人最咬牙切齿的事,就是被人劫掠。如果有人骂你们是盗贼,你们必大怒。这说明你们也以做盗贼为耻,那为何要做打家劫舍这类被人痛恨的事呢?若有人抢夺你们的财物和老婆,你们也必愤恨报复,将心比心,你们为什么又抢别人的财物和老婆呢?我也知道,你们或为官府所逼,或为富人所侵,一时错起念头,误入歧途。此等苦情,甚是可悯。但你们走到今天这一步,还是悔悟之心不笃实,不能毅然改邪归正。你们当初是生人寻死路,尚且要去便去;现在改行从善,死人寻生路,反而不敢,为什么?

如果你们把当初去做盗贼的勇气用来改过自新,我怎么会有必杀你们之理?你们久习恶毒,忍于杀人,心多猜疑,无法理解我无故杀一鸡犬尚且不忍,若轻易杀人,必有报应,殃及子孙,我何苦做这种丧尽天良之事?我常常替你们着想,寝食难安,无非为你们找一条生路。

但是,若是你们冥顽不灵,逼我兴兵去剿,便不是我杀你们,而是老天杀你们。现在若说我全无杀你们的心思，那也是忽悠你们；若说我必欲杀你们，可不是我本意。你们还是朝廷赤子。譬如一父母同生十子，二人背逆，要害那八个。父母须得除去那两个，让那八个安生。都是自己生养的，做父母的为何偏偏要杀掉那两个孩子，实在是不得已啊！我与你们也正是如此。若这两个悔悟向善，为父母者必哀怜收之。为什么？不忍杀其子，是可怜天下父母心也。如果你们能体谅父母之心，改过从善，真是大欢喜和幸运的事。我之于你们，正是如此心。

你们辛苦为盗，刀口上过日子，可所得利润几多，你们自己知道，你们当中也有常为衣食而焦虑的。何不用为贼的勤苦精力，来用之于种地、做个小买卖，过正常的舒坦日子。何必像现在这样担惊受怕，出则畏官避仇，入则防诛惧剿，像鬼一样潜形遁迹，忧苦终身，最后还是身灭家破。何苦来哉？我对新抚之民如对良民，让他们安居乐业，既往不咎，你们已经听说。你们若是不出来，我就南调两广之狼兵，西调湖、湘之土兵，亲帅大军围剿你们，一年不尽剿两年，两年不尽三年，我就是跟你们耗上了。你们财力有限，到时弹尽粮绝，谁也无法逃出生天！

不是我非要杀你们不可，是你们使我良民寒无衣、饥无食、居无房、耕无牛。想让他们躲避你们，他们就失去了田业，已无可避之地；让他们贿赂你们，家资已被你们掠夺，已无行贿之财。就是你们为我谋划，也必须杀尽你们而后可。现在我送去的东西不够你们大家分，你们都看看我这篇告示吧。我言已无不尽，心已无不尽。如果你们还不听，那就是你们辜负了我，而不是我对不起你们，我兴兵可以无憾矣。民吾同胞，你们皆是我之赤子，我不能抚恤你们而至于杀你们，痛哉痛哉！行笔至此，不觉潸然泪下。

评析

在进入正题前，先看一个发生在春秋时的故事。这个故事发生在卫国，卫庄公的大老婆庄姜没有儿子，小老婆生了个儿子后去世，庄姜就把这个别人的儿子当成了自己的儿子看待。

卫庄公还有个小老婆生了个儿子叫州吁，州吁特别伶俐，卫庄公非常喜欢他。自然，庄姜就特别讨厌他。

大臣石碏（què）就对庄公说："我听说疼爱孩子，应用正当的道理去教导他，不要让他走上邪路。骄横、奢侈、淫乱、放纵，是导致邪恶的四种毛病。这四种毛病的产生，是由于给他的宠爱和俸禄都过了头。国君如果要立州吁为太子，那就确定他的地位；如果还没有拿定主意，就等于是逐步地引导他走向祸乱。大凡受到宠爱而能不骄横，骄横而能安于地位下降，地位下降而能不产生怨恨，产生怨恨而能够克制的人，都是凤毛麟角。而且，低贱妨害高贵，年轻欺凌年长，疏远离间亲近，新进离间故旧，弱小压迫强大，淫邪败坏道义，这是六种逆天理之事；国君行事得当，臣子奉行君命，父亲慈爱儿子，儿子孝顺父母，兄长爱护弟弟，弟弟敬爱兄长，这是六种顺天理之事。背离顺理的事而效法逆理的事，这就是使祸患很快降临的原因。作为统治民众的君主，应该尽力除去祸患，您却让祸患很快降临，恐怕不能这样吧！"

这是一套春秋版的贵族家教，遗憾的是，卫庄公充耳不闻。

石碏说完这套大道理见国王未加理会，就跑回家教训儿子石厚："你少和州吁交往，他不是好人，你跟他交往，就等于一条腿迈进了鬼门关。"

石厚不明白老爹在说什么，依然保持和州吁的密切关系。

卫庄公死后，庄姜的继子即位，是为卫桓公。几年后，州吁干掉了哥哥卫桓公，自己做了国王，和他关系密切的石厚也富贵满堂。

州吁当上国王后，想设法安定君位，于是把这个重任交给石厚。石厚没有脑子，就去请教老爹。

老爹石碏就含泪说道："朝见周天子就能够安定君位了。"

石厚发现老爹在哭，也没问为什么，却迫不及待地问："用什么办法能朝见周天子呢？"

石碏老泪纵横地回答："陈桓公正受周天子的宠信，陈国和卫国关系很密切，如果去朝见陈桓公，让他向周天子请求，此事可成。"

石厚兴奋不已，屁颠颠地带着州吁去陈国。

而他老爹石碏抢先派人告诉陈国说："卫国国土狭小，我老头子老了，不能干什么了。这两个人，正是杀死了我国国君的凶犯，请趁此机会想法处置他们。"

陈国人立即把自投罗网的二人抓了起来，卫国派人到陈国，砍了二人的脑袋。

直到脑袋即将搬离脖子时，石厚才恍然大悟老爹何以有那么多泪水。

讲这个故事，似乎和王阳明先生的《告谕浰头巢贼》毫无干系，甚至是，《告谕浰头巢贼》和王阳明先生的家教也无瓜葛。其实，这是支离了。

《告谕浰头巢贼》是王阳明对占据浰头盗贼的一封荡气回肠的劝诫信。王阳明把自己当成父亲，把那些盗贼当成是十足的儿女，谆谆教诲，循循善诱。就如面对犯了错误却又不肯悔改的儿女：你做错事现在悔改还来得及，你悔改了仍是我的儿女；我也知道你做了这样的错事，不是个人的问题，而是有人诱导你，可如果你不悔改，那我也只能大动肝火，胖揍你一顿了；然而，打在你身，疼在我心，你这是最大的不孝，你的身体受到了我的损害，而你又伤了我的心。

石碏用实际行动验证了家教中最极端的一面：对死不悔改的儿女，强力弹压是唯一的办法。

中国民谚讲，虎毒不食子。还有格言说，可怜天下父母心。其实这两句格言都是良知被蒙蔽了。一个人如果十恶不赦，并不肯放下屠刀，你根本毫无办法，唯一的办法只能效仿石碏。王阳明后来对浰头盗贼池仲容等人的态度也是痛下杀手，未留半点私情。

不过，这只是没有办法的办法。王阳明还是坚信人皆有良知，使有罪恶的人感应到良知的存在，并致良知，终会达到圆满的结局。

从家教的角度来看《告谕浰头巢贼》的良苦用心，王阳明时时处处都在为犯错的人着想，想着他们所犯的错是外来的威逼利诱；想着他们纵然做盗贼，也无法糊口；想着他们每日都被人骂而心神不宁；等等。

这就是悲天悯人的圣贤情怀，也是中国可怜天下父母的心！

以和为贵：《告谕庐陵父老子弟》

原文

庐陵文献之地，而以健讼称，甚为吾民羞之。县令不明，不能听断，且气弱多疾。今与吾民约，自今非有迫于躯命，大不得已事，不得辄兴词。兴词但诉一事，不得牵连，不得过两行，每行不得过三十字。过是者不听。故违者有罚。县中父老谨厚知礼法者，其以吾言归告子弟，务在息争兴让。

呜呼！一朝之忿，忘其身以及其亲，破败其家，遗祸于其子孙。孰与和巽自处，以良善称于乡族，为人之所敬爱者乎？吾民其思之。

今灾疫大行，无知之民，惑于渐染之说，至有骨肉不相顾疗者。汤药饘粥不继，多饥饿以死，乃归咎于疫。夫乡邻之道，宜出入相友，守望相助，疾病相扶持。乃今至于骨肉不相顾。县中父老岂无一二敦行孝义，为子弟倡率者乎？

夫民陷于罪，犹且三宥致刑。今吾无辜之民，至于阖门相枕藉以死。为民父母，何忍坐视？言之痛心。中夜忧惶，思所以救疗之道，惟在诸父老劝告子弟，兴行孝弟。各念尔骨肉，毋忍背弃。洒扫尔室宇，具尔汤药，时尔饘粥。贫弗能者，官给之药。虽已遣医生，老人分行乡井，恐亦虚文无实。父老凡可以佐令之不逮者，悉已见告。有能兴行孝义者，县令当亲拜其庐。凡此灾疫，实由令之不职，乘爱养之道，上干天和，以至于此。县令亦方有疾，未能躬问疾者，父老其为我慰劳存恤，谕之以此意。

谕告父老，为吾训戒子弟，吾所以不放告者，非独为吾病不任事。以今农月，尔民方宜力田，苟春时一失，则终岁无望，放告尔民将牵连而出，荒尔田亩，弃尔室家，老幼失养，贫病莫全，称贷营求，奔驰供送，愈长刁风，为害滋甚。昨见尔民号呼道路，若真有大苦而莫伸者。姑一放告，尔民之来讼者以数千。披阅其词，类虚妄。取其近似者，穷治之，亦多凭空架捏，曾无实事。甚哉，尔民之难喻也，自今吾不复放告。尔民果有大冤抑，人人所共愤者，终必彰闻，吾自能访而知之。有不尽知者，乡老据实呈县。不实，则反坐乡老以其罪。

自余宿憾小忿，自宜互相容忍。夫容忍美德，众所悦爱，非独全身保家而已。嗟乎！吾非无严刑峻罚以惩尔民之诞，顾吾为政之日浅，尔民未吾信，未有德泽及尔，而先概治以法，是虽为政之常，然吾心尚有所未忍也。姑申教尔，申教尔而不复吾听，则吾亦不能复贷尔矣。尔民其熟思之，毋遗悔。

借办银两，本非正法。然亦上人行一时之急计，出于无聊也。今上人有急难，在尔百姓，亦宜与之周旋，宁忍坐视不顾？又从而怨詈讪讦之，则已过矣。夫忘身为民，此在上人之自处。至于全躯保妻子，则亦人情之常耳。尔民毋责望太过。吾岂不愿尔民安居乐业，无此等骚扰事乎？时势之所值，亦不得已也。今急难已过，本府决无复行追求之理。此必奸伪之徒，假府为名，私行需索。自后但有下乡征取者，尔等第与俱来，吾有以处之。毋遽汹汹！

今县境多盗，良由有司不能抚绥，民间又无防御之法，是以盗起益横。近与父老豪杰谋，居城郭者，十家为甲；在乡村者，村自为保。平时相与讲信修睦，寇至务相救援。庶几出入相友，守望相助之义。今城中略已编定，父老其各写乡村为图，付老人呈来。子弟平日染于薄恶者，固有司失于抚绥，亦父老素缺教诲之道也。今亦不追咎，其各改行为善。老人去，宜谕此意，毋有所扰。

今天时亢旱，火灾流行，水泉枯竭，民无屋庐，岁且不稔。实由令之不职，获怒神人，以致于此。不然，尔民何罪？今方斋戒省咎，请罪于山川社稷。停催征，纵轻罪。尔民亦宜解讼罢争，息心火，无助烈焰。禁民间毋宰杀酗饮。前已遣老人遍行街巷，其益修火备，察奸民之因火为盗者。县令政有不平，身有缺失，其各赴县直言，吾不惮改。

昨行被火之家，不下千余，实切痛心。何延烧至是？皆由衢道太狭，居室太密，架屋太高，无砖瓦之间，无火巷之隔。是以一遇火起，即不可救扑。昨有人言，民居夹道者，各退地五尺，以辟衢道，相连接者，各退地一尺，以拓火巷。此诚至计。但小民惑近利，迷远图，孰肯为久长之虑，徒往往临难追悔无及。今与吾民约，凡南北夹道居者，各退地三尺为街；东西相连接者，每间让地二寸为巷。又间出银一钱，助边巷者为墙，以断风火。沿街之屋，高不过一丈五六，厢楼不过二丈一二。违者各有罚。地方父老及子弟之谙达事体者，其即赴县议处，毋忽。

昨吴魁昊、石洪等军民互争火巷，魁昊等赴县腾告，以为军强民弱已久。在县之人，皆请抑军扶民。何尔民视吾之小也？夫民吾之民，军亦吾之民也。其田业吾赋税，其室宇吾井落，其兄弟宗族吾役使，其祖宗坟墓吾土地，何彼此乎？今吉安之军，比之边塞虽有间闲，然其差役亦甚繁难，月粮不得食者半年矣。吾方悯其穷，又可抑乎？今法度严厉，一陷于罪，即投诸边裔，出乐土，离亲戚，坟墓不保其守领，国典具在，吾得而绳之，何强之能为？彼为之官长者，平心一视，未尝少有同异。而尔民先倡为是说，使我负愧于彼多矣。今姑未责尔，教尔以敦睦，其各息争安分，毋相侵陵。火巷吾将亲视，一不得，吾其罪尔矣。诉状诸军，明早先行赴县面审。

谕告父老子弟，县令到任且七月，以多病之故，未能为尔民兴利去弊。中间局于时势，且复未免催科之扰。德泽无及于民，负尔父老子弟多矣。今兹又当北觐，私计往返，与父老且有半年之别。兼亦行藏靡定，父老其各训诫子弟，息忿罢争，讲信修睦，各安尔室家，保尔产业，务为善良，使人爱乐，勿作凶顽，下取怨恶于乡里，上招刑戮于有司。呜呼！言有尽而意无穷，县令且行矣，吾民其听之。

译文

庐陵人杰地灵，却以擅长诉讼闻名，让我备感寒心。我这个新庐陵县令，头脑不灵光，判不了那么多诉讼，而且身体也差。今天，我就和诸位约定一下，自今天起，不是类似性命攸关的大事，不要诉讼。诉讼的文字，要言简意赅，不能超过两行，每行不得超过三十个字。凡是违反这规定的，你有多大的冤屈，我也不受理。如果第二次违规，那就要受到处罚。县中父老有谨慎忠厚知道礼法的，把我的话带回你们的家乡，务必平息诉讼，兴起礼让之风。

呜呼！一时的气愤，忘了自己和家人的安危，情况严重的话，还会遗祸子孙。哪个人能以谦让恭顺要求自己，以良善闻名于乡，不会为人所敬爱？你等要仔细思考啊。

现在瘟疫横行，无知的人，受人蛊惑，担心被传染，竟然抛弃骨肉。得病的人不死于病，却因无人照顾而饿死，你们又将他们的死因归于瘟疫。乡里乡亲之道，就是该守望相助，遇到类似瘟疫的危难时更应互相扶持。可现在，竟然抛弃骨肉于不顾。县城中，怎么可能没有行孝义的人，怎么可能没有倡导行义的人呢？

远古时代，有人犯错，做官的还要给他三次机会。现在庐陵县无辜百姓，全家枕藉而死的不计其数。身为父母官，于心何忍？说起来心如针扎似的痛。半夜三更忧惶不已，无法入睡，思考救疗百姓之道，最终我只有一个办法：希望有大德之士劝告百姓，践行"孝悌"美德。念在亲情的分上，不可互相抛弃。打扫你们的房屋，开窗通风，给生病的亲人喂药吃饭。贫穷不能买药的，官府可以救济。我虽已派出医生，但恐很难落实，乡亲们只要发现有医生不务正业，即可报告官府，本老爷将治其重罪。有能践行"孝悌"美德的人，本老爷当登门拜访，树立标杆。这场瘟疫闹得这么大，实在是官员失职。我初到也感染了疾病，不能去慰问灾民，希望父老乡亲们原谅我。

请父老乡亲们，为我训诫你们的子弟，我现在未受理案件，不仅是因为我生病而无法工作。此时正是春耕之时，你们应赶紧干农活。如果把春天浪费，这一年就无望了。

你们一打官司，几乎是扶老携幼全族上阵，荒废了农田，放弃了家室，老幼无人照管，贫病之人，坐以待毙。另外，就是滋长了官场贪污之风，为害无穷。就在昨天，我于半路上被大批百姓拦截，他们哭天抢地，其神情似乎有莫大的冤屈。我就让他们来投状子。可看了几份后，我就明白了，这些人为了点芝麻蒜皮的小事，故弄玄虚，虚张声势，没有一个状子上写的事是实情。这简直太过分了，百姓真是不可理喻，从此后，我拒不接收这种官司。你等若真有大冤屈，不必来打官司，我肯定能听说。如果还有我不知道的，当地乡村德高望重的人可单独向我来报告。不过，如果报告不实，那向我报告的人也要受牵连。

其实，人与人之间应该消解小愤怒，互相包容。容忍这种美德，是众人都喜欢的，它可不仅仅是全身保家而已。唉！我不是没有严刑峻法来惩治那些胡乱打官司的人，我只是碍于做县官不久，还未有恩德给你们，就以峻法对待你们，这虽是很多官员的做派，但我对你们还是有点于心不忍。所以先把我的心声告诉你们，倘若你们还不听，那我绝不轻饶。你等须谨慎从事，不要做出让自己后悔的事情来。

官府向民间借贷，本来不是正规渠道，是一时救急。现在官员有急难，作为百姓，也该救人所急，怎么可以坐视不顾？甚至还攻击责骂，恐怕就有点过分了。本来不顾自己一心为民，是官员应该做的，但保全自己的身家性命，也是人之常情。你们百姓也别过于苛责。我何尝不希望你等安居乐业，不受骚扰，也是不得已啊！现在急难已过,我决不会再来向你们征收,必是奸伪之人假借官府的名义,此后如果还有人下乡征收,你等马上报官,我来处置,你们不要再不依不饶!

现在,庐陵县多有盗匪,官府无法缉拿,民间又没有防御他们的办法,盗贼由此更多。最近和地方上的父老豪杰商量了一下,决定这样,居住在城里的,十家为甲;居住在乡村者,一村为一保。平时,大家要讲诚信修和睦,盗贼来了,务必要互相救援。经过一段时间的工作,城中已编定完毕,乡村中的父老将村中情形编为图纸,呈交官府。乡村中有些顽劣少年,固然是平日受习气所染,但村中父老也有教诲不到的责任。我不想追究这些事,希望你们都改过从善,不要再犯。

现在,天气炎热,大旱无雨,泉水枯竭,百姓无居住之地,庄稼颗粒无收。实在是做官的失职而触怒上天,以至于此。如果不是这样,百姓有什么罪过,要受这种惩罚?我现在正斋戒反省,向山川社稷请罪,停止征收赋税。希望能减轻我们做官的罪过,让老天放过百姓。这种流金铄石之时,你等还是放弃诉讼,平息争斗,灭了心中那团火吧。

谈到火,前段时间发生了一场让人痛心的火灾,昨天我去灾后现场,一片狼藉,让人伤心不已。一家起火,绵延千家,怎会如此?我认为,都是街道太狭窄、房屋密集,没有砖瓦阻隔,也没有专业的火巷。所以一有火起,就不可能扑救。昨天有人出主意说,各房屋之间的道路都向后退五尺,使其宽敞,房屋有连接的,各退地一尺,以成火巷。这是很好的办法。但百姓都有小民意识,眼光浅薄,没有人会高瞻远瞩,一旦发生了灾难才后悔不及。现在我就和诸位约定,凡是南北夹道居者,各退地三尺为街;东西相连接者,每间让地二寸为巷。又每间出银一钱，助边巷者为墙，以断风火。沿街之屋，高不过一丈五六，厢楼不过二丈一二。违者罚款。诸位父老，请互相告之。

昨日听到这样一种论调：希望降低军队的待遇，把挤压出来的钱救济百姓。简直岂有此理！百姓是我的百姓，军人也是我的百姓。他们也要交税纳粮，凭什么要降低他们的待遇？况且，我所知道的此处军队，差役多如牛毛，官府还拖欠他们的月粮已达半年。我正在怜悯他们贫穷，怎么可能降低他们的待遇？现在法网严密，一获罪就会被投入边地从军，背井离乡，妻离子散，国家在军人待遇方面有明文规定，怎么可能强行压制？现军官们眼中并无军民之别，而你们百姓先提出这样的说法，让我在军官们面前心怀愧疚啊！诸百姓不可再有这种念头！

和诸位父老说一下，本官到任已七个月，因身体原因，没有及时为你们谋福利。其间有些事情，做得还欠周详，希望诸位不要埋怨。我即将离开此地，和你分别可能有半年之久，有一事相告：诸位应以和为贵，不要争强斗胜，乱打官司。好好过日子，做个善良之人。让别人都喜欢你，万不可让别人都厌恶你。唉！言有尽而意无穷，本老爷要走了，你等对我的话要好好品味，好自为之。

评析

1510年阴历三月，王阳明到江西吉安庐陵县做县令。此地民风刁悍，把诉讼当成行为艺术。县衙门口，每天都如菜市场般热闹。王阳明抵达后不久，就发布了这道公告，中心思想只有一个：禁止滥诉。百姓应以和为贵，互助互利，而不是整日钩心斗角，你攻击我，我伤害你。

和为贵，是中国传统儒家倡导的道德实践原则。出自《论语·学而》："礼之用，和为贵。"就是说，礼的作用，贵在能够和顺。具体而言就是，按照礼来处理事情，就是要人和人之间的各种关系都能够恰到好处，都能够调解适当，使彼此都能融洽。孔子他老人家认为，从前那些明君圣王，在调整人和人关系中最关键的，就在于能使人们之间能够根据礼的要求，做到和达到和谐之境。

不仅仅是百姓之间，家族之间，同样如此。这道《告谕庐陵父老子弟》中的思想精华放在家族中，更恰到好处。

家族和睦，无他，只是人与人之间和谐共处而已。如果每个人都在攻击别人，每个人都想去家长那里告别人一状，那这个家族必定鸡犬不宁。

王阳明家训的最主要内容是每个家族成员都该致良知，而致良知的目的无非在家族中树立一个字"和"，嵌入家族一种信念"和为贵"。

按王阳明"知行合一"的理论，"和"不能只是谈，而要切实做。但每个人的良知光明程度不同，所以做到的分量也有轻重之别。中国人的聪明就在于，会把一种口号、文化树立载体，以这种载体来强化这一口号和文化。

中国古代家庭和文化有一种载体就是居住环境，最典型自然的就是北方的四合院。

四合院的构成和空间组合遵循的是中国传统文化中的阴阳哲学，其四周由房舍相围合，构成了外"实"内"虚"的阴阳关系。门屋和正堂，再配以两厢，则是主次的阴阳关系。

房屋和房屋围合成的露天空地称为"天井"，意为通天接地。四合院的天井上通天，纳气迎风；下接地，除污去秽，让居住环境不断新陈代谢，循环流转，吐故纳新。

在这一天地中，若要和，首先就是要各安其位，也就是家庭每个成员不能越位，不可有非分之想。比如正房只能住主人，厢房只能住子女。当把四合院大门关起来后，一个自成体系的"小天地"诞生了，它避开了城市的喧哗，有利于大集体小自由的居住方式，为"和"精神的调剂提供了便利的空间条件。

2016年年初，中国政府出台法令，会陆续拆除小区围墙，原则上是为了疏解交通，实际上，这是希望整个国人都从封闭状态下走出，互相沟通，达到"和"的境界。整个中国就是个四合院，人们在这个超级庞大的四合院中，与天地和，与人和。

我们很容易就可注意到，中国古代家族都喜欢居住在一起，王阳明本人也是如此。新建伯爵府建成后，他把七大姑八大姨都请到府中居住，所以伯爵府里人来人往，喧声鼎沸，好不热闹。按他的理想，每个人如果能致良知，和和气气，这个大家族就能和和美美。推而广之，家庭如斯，家族如斯，国家如斯，天下也该如斯。

最后，我们以一个大家耳熟能详的故事结束本节。这个故事的名字叫"六尺巷"，主人公是清朝康熙年间大学士张英。有一天，他收到家信，家人说："邻居太不是东西，和咱们家争地，他不知道咱家上面有人吗？你赶紧让他们知道咱家的厉害！"

张英看完信，一笑，取笔写下一首打油诗：

千里修书只为墙，让他三尺又何妨？
万里长城今犹在，不见当年秦始皇。

家人接信后，良知顿现，就让出三尺宅基地。邻居一见，也发现了良知，也主动相让，结果两家院墙之间成为六尺巷。

和为贵，只要你和别人和和气气，不争不斗，就能得到意想不到的收获。

全书完

激发个人成长

多年以来，千千万万有经验的读者，都会定期查看熊猫君家的最新书目，挑选满足自己成长需求的新书。

读客图书以"激发个人成长"为使命，在以下三个方面为您精选优质图书：

1. 精神成长
熊猫君家精彩绝伦的小说文库和人文类图书，帮助你成为永远充满梦想、勇气和爱的人！

2. 知识结构成长
熊猫君家的历史类、社科类图书，帮助你了解从宇宙诞生、文明演变直至今日世界之形成的方方面面。

3. 工作技能成长
熊猫君家的经管类、家教类图书，指引你更好地工作、更有效率地生活，减少人生中的烦恼。

每一本读客图书都轻松好读，精彩绝伦，充满无穷阅读乐趣！

认准读客熊猫

读客所有图书,在书脊、腰封、封底和前后勒口都有"**读客熊猫**"标志。

两步帮你快速找到读客图书

1. 找读客熊猫

2. 找黑白格子